PwC Strategy&の

ビジネスモデル・クリエイション

──利益を生み出す戦略づくりの教科書──

Business Model Creation

Strategy& **唐木明子**=著

BOW BOOKS

Introduction | はじめに

今こそ利益を生むビジネスモデルを考えよう

環境が大きく変化して事業が今までのように進まなくなったとき、あなたならどうしますか？

1　ビジネスモデルを再確認し、確実に各々の取り組みを進めるように頑張る
2　既存市場と似た環境を持つ、別の市場で、同じ事業を展開する
3　環境の変化に対応して、ビジネスモデルを組み立て直す

　テクノロジーの進展やメガトレンドにより、世界は大きく、広く、とても速いスピードで変化しています。この変化は、従来の前提を塗り替えるもので、「破壊的」な変化（ディスラプション）とも呼ばれています。

　直近の世界の時価総額ランキングの上位企業には、いわゆるIT・通信系の企業が顕著に増えています[1]。私たちの生活は、20年前には想像もしなかったようなサービスや商品に支えられ、大きく生活スタイルが変化しています。たとえば、今や世界中に多くのユーザーを抱えるアマゾンが、日本語サイトAmazon.co.jpで「本」のストアをオープンしたのは2000年のことです[2]し、アップルのiPhoneが発売されたのは2007年のことです[3]。

　テクノロジーとその活用方法の飛躍的な変化に加えて、地球環境の変化に起因する多くの自然災害や、新しい課題にも直面しています。より環境への負荷が少ない事業プロセス、素材や商品自体の在り方などの模索が続いています。

　さらに、まるで地球から人類へのメッセージであるかのように起きた世界規模のウイルスの蔓延も事業に大きな影響をもたらし、これからの道の選択を促しているようにすら思えます。

2020年初頭から瞬く間に世界中に広がった、この新型コロナウイルス感染症（COVID-19）については、多くの企業がその影響の内容や大きさを見極めることができない中で、極めて難しい舵取りを強いられました。短期的には、従業員の安全の確保や資金繰り、オペレーションの維持のための手当など、必要なことを着実に実行する一方、長期的に今後環境が大きく変化することを想定して、そのための選択肢を明確にし、新しい戦略の展開、ビジネスモデルの移行にいち早く取り組む企業もありました。

　今後も、ウイルスへの対応をする中で、特に、人と人との距離感に対する認識が変化することによって、新しい暮らし方、働き方が見つかるでしょう。これまでは、大都市に人もモノも資金も集中するメガシティ化が進んできていましたが、よりゆとりを持った広い地域で、自然との共生を目指す新しい分散共生型の流れへと変化する可能性があります。それによって、住居、食、オフィス、ファッション、娯楽、教育、医療、都市、交通、エネルギー、その他私たちの生活のあらゆる分野が影響を受け、その変化が加速されることとなるでしょう。

　テクノロジー、サステナビリティ、三密回避の分散共生型社会、これら３つが互いに影響を及ぼし合って、破壊的な変化と同時に、大きなビジネスチャンスを生んでいます。
　想像を超えるスピードで市場が変化し、先が見えないとき、今までの勝ちパターンを徹底することで乗り切ろうとするのは自然の反応かもしれません。しかし、以前とは全然違う環境では、新しい勝ち方を築き上げなくてはなりません。
　破壊的な変化（ディスラプション）に直面する私たちには、組織の歴史の長さや規模にかかわらず、横並びや前例に縛られずに、新しい事業環境に合わせた新しいビジネスモデルを構想し、具現化することが求められています。
　今こそ、実行可能な利益を生むビジネスモデルを考える時期なのです。

---

1 ｜ 2020年現在のトップ10は、サウディアラムコ、マイクロソフト、アップル、アマゾン、アルファベット（Google）、アリババ、Facebook、テンセント、バークシャー・ハサウェイ、ジョンソン・アンド・ジョンソン。テクノロジー系の企業が7社を占める。（'Global Top 100 companies by market capitalisation' PwC, May 2020. https://www.pwc.com/gx/en/audit-services/publications/assets/global-top-100-companies-2020.pdf, Accessed February 8, 2021）
2 ｜「アマゾンジャパンの沿革」https://amazon-press.jp/Top-Navi/About-Amazon/Milestones.html, Accessed February 8, 2021
3 ｜ 'Apple Reinvents the Phone with iPhone'. 9 January 2007. https://www.apple.com/uk/newsroom/2007/01/09Apple-Reinvents-the-Phone-with-iPhone/, Accessed February 8, 2021

環境の変化に合わせてビジネスモデルを変化させてきた日本企業の例

　振り返ってみれば、多くの企業が数多くの戦略の転換点を乗り越えてきました。たとえば、建設機械（建機）を生産供給する大手企業のコマツを見てみましょう[45]。

　コマツは、戦後の復興需要に伴い大きな成長を遂げ、国内の建機大手となりました。その過程で、全国で生産キャパシティと直販体制を整え、大きなシェアを獲得していきました。この時期のコマツの戦略は、日本市場において一貫性のある大きな存在感を確立し、市場でのリーダーシップを発揮することでした。

　1960年の市場開放に伴い、コマツの品質を大きく上回る建機を販売するグローバル最大手が日本に進出すると想定されました。コマツは「ねじ1本から見直す」改良を重ね、品質を高めた結果、日本の市場が開放されてからも引き続き、大きなシェアを維持することができました。

　ここでコマツは、同業他社の出現に先駆けて、自社製品の品質という基本を強く大きく引き締め直して、品質による差別化が脅かされない状況を実現しつつ、本国内における存在感による優位を活かしきる戦略をとりました。

　その後、日本の建機市場は飽和状態になります。コマツは、1955年には海外輸出を始め、1967年には海外現地法人を設立し、海外進出を本格化させました。1975年にはすでに海外売上比率が50％を超えるまでの規模となっています。2020年には海外売上比率は86％に達し、そのうち、日米欧以外の戦略的に展開している市場が54％を占めています[6]。コマツは、その建機が通用しやすい、自社が勝ちやすい市場を選び、その市場に展開する、というビジネスモデルを採用したのです。

　現在、コマツは新たなビジネスモデルの開発に取り組んでいます。

　日本は建物や施設などの老朽化によって建設の需要はあるものの、労働力不足によって、現場の維持に課題があります。2025年には350万人の需要に対して約130万人の労働者が不足するとも言われます[7]。

　労働者の人数が不足するだけではなく、高齢化により、現場の第一線に熟練労働力が不足し、現場のスキルレベル全体が下がっていくことも懸念されています。たとえば、コマツのみが建機の性能を向上させても、建設現場全体の運営が滞れば、建機の活躍する場も制約を受けます。

一方、IoTなどデータの収集と伝達のための技術やインフラ、データの分析や判断のための技術は飛躍的に進歩しており、使い方次第では多くの分野で労働力を置き換えることも可能になっています。

コマツは、建機の新車販売のビジネスの上に、建機のレンタルや、建機の遠隔監視・自動運転を行うコムトラックスやICT建機などの事業を開発しました。近年では、これらに測量のドローンなどを追加し、現場の省人化、工期短縮を具現化するスマートコンストラクションへの取り組みも始めています。

現在のコマツは、ユーザーである顧客のニーズ、技術状況などからなる事業環境の変化に合わせて、建機をできるだけ多く作って売るというビジネスモデルから、建設現場の課題解決を提供するというビジネスモデルを組み立てつつあるのです。

コマツは、市場と事業の各段階において販売網の整備、品質改革、グローバルの事業運営の能力、課題解決型の事業展開能力などの組織能力を構築し続けています。これにより、市場の大きな変化、強大な競合の参入などにかかわらず、顧客に喜ばれ、利益を生む存在であり続けていることがわかります。

4 ｜ コマツ，「コマツについて – 沿革」https://home.komatsu/jp/company/history/、2021年2月9日閲覧

5 ｜ コマツ，「建設機械の歴史から見るコマツ」https://home.komatsu/jp/recruit/newgrads/company/history/、2021年2月5日閲覧

6 ｜ コマツ，「コマツレポート2021」https://www.komatsu.jp/ja/-/media/home/ir/library/annual/ja/2021/kmt_kr21j_print.pdf?rev=-1&hash=8FD3E4F1D99A0E791E6E9E-A4260735CD、2021年10月7日閲覧

7 ｜ ランドログ，「建設技能労働者数の推移と推計」https://www.landlog.info/about2/、2021年2月5日閲覧

なぜよい戦略が利益に結びつかないのか

　どのようなビジネスにも、儲けの型はあります。市場環境の変化により従来のゲームのルールが変わり、かつての儲けの型が通用しなくなってきたら、新しい戦略、ビジネスモデルを意識的に考えざるを得ません。

　モノが足りない時代、メーカーはモノを適切に供給することで儲けることができました。しかし、モノが行き渡ってくると話は変わってきます。同業他社の競合が多く出現しますし、消費者や企業も最低限必要なモノはすでに持っています。どんどん小さくなる市場に対して、多くの参加者がモノを投入し続けることになるのです。
　同じ活動を続けた場合、同業他社との差を生み出す余地が、製品そのものしかなくなり、品質と機能の模倣と価格競争に巻き込まれます。ぎりぎりまで品質や機能を高め、価格を落とすこととなり、儲けを出すのはたいへん難しくなります。

　メーカーだけではありません。小売業、サービス業でも同じように模倣競争、価格競争に陥ります。面白い品揃えを整えれば、その真似をする店がすぐに出てきます。タピオカドリンクや、バナナジュースが流行すれば、一斉に多くの店が参入します。ネイルのケアが女性に必須となれば、ネイルサロンが乱立します。生き残るのは簡単なことではありません。

　ビジネスとは戦いであるとも言われます。ビジネスモデルを考えずにビジネスを行うのは、作戦を立てずに、戦いに挑むようなものです。どのように勝つのか、誰に対して、何を、どうして、どのように提供するのかを考え抜くことで、市場との新しい関係をつくり、模倣競争、価格競争から抜け出すことができます。

　変化の時代に、新たなビジネスモデルが必要だということには多くの人が共感します。同時に、一見、素晴らしい戦略をつくったのに結果が出ないということも多く見られます。残念なことに、素晴らしい戦略があっても、それが実行されずに、結果を出せずにいることも少なくありません。

ビジネスモデルが実現できないのは、多くの場合、以下の３つのビジネスモデルの要素が互いに矛盾してしまい、一貫性がなくなってしまうからです。

1　**戦い方（価値提供）**：自社の事業がなぜ顧客に選ばれるのか。特に、提供する価値
2　**ケイパビリティ体系**：自社の各能力が連携して、価値提供を可能にする体系
3　**商品・サービス**：戦い方に即してケイパビリティを活かすことができる商品

　自社の戦い方（価値提供）が事業の担い手に意識されていない場合、価値を提供するためのケイパビリティが構築されていない場合、そして、価値提供やケイパビリティにそぐわない商品・サービスに取り組んでいる場合など、３つの要素がちぐはぐになってしまえば、よいビジネスモデルでも利益を生むことはできません。
　たとえれば、人並外れて身体のしなやかさや表現力はあるものの、腕力がなく、ファイトが好きではない人が、ボクシングに取り組むようなものです。もし成功したいのであれば、ダンスなど別のものを選んだほうが成功する確率が高いでしょう。自分の価値提供にこだわりを持ち、その価値を提供するための筋力、技を磨き上げるのです。

　一方で、一貫性があれば変化に耐えることができます。ダンサーがスケート技術を習得して表現力豊かなフィギュアスケートの選手に、あるいは、スピードスケートの選手が筋力を活かして自転車競技の選手になるようなものです。ビジネスでも同じ能力や技を工夫次第で別の分野で活用することができます。戦い方（価値提供）、ケイパビリティ、商品・サービスの一貫性があるビジネスモデルを構築することが、利益を生む戦略の立案の基礎となります。

この本の目的と使い方

　ビジネスモデルの学びは、事例からだけでも座学からだけでも難しいというのが、私自身の実感です。

　事例からだけだと、創業者の気質や能力、時代背景など個別の要素が気になりすぎて自分が取り組んでいる課題を考えるのが難しくなりがちです。また、座学でビジネスモデルの検討要素や、組み立て方を学ぶ場合、やり方がわかった気になるのですが、実際の問題ははるかに複雑で立ちすくむことも多くあります。

　そこで、本書では、3部構成として、事例と手法の両方を解説した上で、具体的なビジネスモデルの構築方法も解説することとしました。

　第1部の事例編では、世界的に注目される7社のビジネスモデルを確認することから始めます。

　アマゾン、アップル、インディテックス、スターバックス、セメックス、ナチュラ、レゴといった、業種も誕生した国も異なる7社の企業を取り上げ、それぞれのビジネスモデルの特徴とその変化をまとめました。

　日本であまり馴染みのない企業もありますが、いずれも世界的に有名で、優れた業績を上げている企業です。各企業それぞれに、山あり谷あり、わくわくするような、驚くような逸話があります。それぞれのビジネスモデルをどのような事業環境、経営環境の中で構築してきたのか、どのような悩みと変化があったのか、ビジネスモデルの四次元性をこの7社を通して、楽しみながら、感じていただければと思います。

　第2部の理論編ではビジネスモデルの根本となる戦い方（価値提供）、ケイパビリティ、商品・サービス各々の類型と考え方を示していきます。

　戦い方（価値提供）は15の基本要素、ケイパビリティは7分野、そして、商品・サービスは4つの特徴あるグループについて、具体的に解説しています。それぞれ、第1部の7つの事例がどのタイプに当てはまるかを明示しましたので、照らし合わせて見てみていただくと、より理解が深まります。

そして、最後に、第3部として実践編を用意しました。実践編では、実際のビジネスモデルの構築のプロセスを5つのステップに分けて解説しています。それぞれのステップごとに、何を目的にどのようなことに取り組むのか、何に気を付けるのか、そして、7つの事例にかかわるケースも紹介します。ビジネスモデルを考え抜いて、成功するビジネスにつなげていただければと思います。

　「将来を予測する最善の方法は、自分でそれをつくり上げることです」――これは、1971年、ゼロックスのパロ・アルト研究所の元チーフサイエンティストで、パーソナルコンピュータの父と言われるアラン・ケイの言葉です[8]。

　未来が見えない今こそ、どのような未来をつくりたいのか、自分の手で、行動で示してみようではありませんか。

この本の事例等のアプローチについて

　本書は、筆者も所属するPwCの戦略コンサルティング部門であるStrategy&のプロジェクト経験や、研究成果に則っています。

　Strategy&は、前身をBooz Allen Hamilton（後に、Booz & Company）とする、世界で最も古い戦略コンサルティングファームで、また、サプライチェーンマネジメントを提唱することなどで知られています。Strategy&では、グローバルマネージングパートナーであるポール・レインワンドと、元グローバルCEOのチェザレ・メイナルディが中心となり、『なぜ良い戦略が利益に結びつかないのか』（ダイヤモンド社、原題　Strategy That Works）をまとめました。

　世界各地で多くの企業のコンサルティングを行う中で、紙の上での素晴らしい戦略が実際に実行できて利益を生むわけではないことを示し、企業が利益を生む戦略をつくるための手法を蓄積してきました。『なぜ良い戦略が利益に結びつかないのか』にはその企業が、どのように他社と違うのか、ビジネスモデルの考え方（特に、戦い方（価値提供）とケイパビリティ）、企業文化の関係性、投下資本の考え方などを事例を交えながら解説しています。『なぜ良い戦略が利益に結びつかないのか』には、この本に掲載した事例を含め12の企業を取り上げています。ぜひ、本書と合わせて読み、理解をさらに深めてください。

　なお、この本でビジネスモデルと呼んでいるものを、Strategy&では多くの場合、戦略（Strategy）と呼びます。人によっては、戦略は同業他社との競争に打ち勝って顧客に選ばれるための作戦である一方、ビジネスモデルはその前の仕組みを指し、競争の概念を織り込んでいないという考えもあります[9]。とはいえ、実際には、そもそも顧客に選ばれるという前提がないビジネスはない一方、戦略という言葉は漠然としてしまいがちであるため、ビジネスの仕組みを考えるにはより一般的なビジネスの儲けの型ということがわかりやすく伝わるであろうという思いを込めて、ビジネスモデルとすることにしました。

　最後に、『なぜ良い戦略が利益に結びつかないのか』の事例に加えて、日本の読者の皆さんがより理解しやすいように、この本では、コンビニエンスストア、ファストフードなど日本での生活に身近な企業や有名企業の事例も追加で解説しました。いずれも、誰でも手に入れることができる書籍や報道から情報を得て、筆者なりの解釈を加えています。皆さんも気になるビジネスを、分析してみると新しい発見があるかもしれません。

---

8 ｜ SpotNotebooks, 2020. "The best way to predict the future is to invent it.: Alan Kay", Independently published.

9 ｜ ビジネスモデルとは1990年代にITや新しいテクノロジーを駆使して新しい儲けの型を提示する企業が出現した頃に使われ始めた、比較的最近の言葉です。さまざまな定義がありますが、ジョアン・マルグレッタは、以下のように表現しています。「優れたビジネスモデルの本質は、なぜ企業がどのように機能するのかを説明するストーリーである。よいビジネスモデルは、ピーター・ドラッカーの古くて新しい質問である「顧客は誰で、顧客価値は何か」という質問に答えるものだ。また、マネージャーが避けては通れない基本的な質問である「どのようにこの事業で儲けるか、どのような論理に基づき、適切なコストで顧客に価値を提供するか」にも答えてくれるだろう。」（Harvard Business Review 'Why Business Models Matter' Joan Magretta FROM THE MAY 2002 ISSUE，邦訳ジョアン・マグレッタ，2014.「ビジネスモデルの正しい定義」DIAMONDハーバード・ビジネス・レビュー4月号，https://www.dhbr.net/articles/-/2433）

CONTENTS

Part 1 事例編
7つの事例から利益を生み出す ビジネスモデルを考える————017

ケイパビリティ（組織能力）

それを具現化する能力が組織にあるのか？　159

ケイパビリティ

商品・サービス

どのような商品・サービスを提供するのか？　　207

商品・サービス

事例編

7つの事例から利益を生み出すビジネスモデルを考える

7つの企業のビジネスモデル

3つの着眼点

　ビジネスモデルの優れた事例は多くありますが、ここでは、背景がそれぞれ異なり、さまざまな面で参考になると思われる7社を取り上げます。日本でもよく知られた企業に加えて、日本ではあまり知られていない優れた企業も含めてご紹介します。3つの着眼点を持ちながら読み進めていただくと、理解がより深まるでしょう。

着眼点 1 〉〉〉 **ビジネスモデルの多様性、複雑性、ダイナミックさ**

　ビジネスモデルというと、関係当事者の取引の流れを示したフロー図など、二次元で表すことができるもののように思われがちです。しかし、ここで考えたいビジネスモデルは、ビジネスの儲けの型です。ビジネスが利益（儲け）を出し続けるためには、戦い方（価値提供）とケイパビリティを組み合わせて商品・サービスを提供する一定の仕組みを運用し続けなくてはなりません。

　ご想像のように、これは、本来的にとても複雑なものです。ビジネスモデルは、立体的と言えます。さらには、理解するためには、商品・サービスと対価の流れだけではなく、なぜその流れが成立しているのかを表すケイパビリティとその成立の過程、経緯も含めた四次元で議論すべき概念なのです。

　この本では、ある程度シンプルにビジネスモデルの概要を把握した上で、戦い方（価値提供）とケイパビリティそれぞれについて、より踏み込んで見ていきます。ダイナミックに各要素が組み合わさって型がつくられていく様子を実感してみてください。

着眼点 2 〉〉〉 戦い方（価値提供）、ケイパビリティ、商品・サービスのコヒーレンス（かみ合っているか）

　ビジネスモデルを支える3つの要素は、戦い方（価値提供）、ケイパビリティ、商品・サービスですが、それぞれが一貫性を持って互いに「かみ合う」ことが大切です。取り上げた7社の多くは、実績をあげているお手本のような事例で、明確な戦い方を定義し、その戦い方を可能にするためのケイパビリティに多くの資金と労力を投資しています。その結果として、全体として一貫性と意味のある、他社には真似しにくい仕組みが構築されています。とはいっても、各社の歴史を見てみると、ビジネスモデルが明確で、方向性が定まった取り組みがされている時期ばかりではありません。破綻の危機に瀕した経験のある事例も複数社あります。戦い方（価値提供）、ケイパビリティ、商品・サービスがかみ合わないとはどのようなことか、そうなってしまった場合の修復方法などにも着目してみてください。

着眼点 3 〉〉〉 どのような経緯を経て、現在の姿に至ったのか？

　魅力あるビジネスモデルを展開する各社がどのような経緯を経て、現在の姿になったのかは、興味深いだけではなく、それを知ることで、多くの学びを得ることができます。

　着眼点1で示したように、ビジネスモデルは時間軸も含めた四次元で見るとより深く理解ができます。また、着眼点2で示した通り、年月によりビジネスモデルの要素がちぐはぐになったり、あるいは、市場環境の変化に呼応してビジネスモデルを調整、転換あるいは原点回帰させる必要が出てくることも多くあります。

　各事例において、適宜、創業者や中興の祖が置かれた状況と、そのときの判断がわかるエピソードを紹介するようにしました。ビジネスモデルの変化や進化の在り方を感じてみてください。

掲載事例

新しいものをつくり上げたビジネス

CASE1 アップル

　スマートフォンのiPhoneで日本でもよく知られる会社です。さまざまなデバイスやサービスを展開し、常に、新しい生活様式を提案し、支持され続けています。

CASE2 アマゾン

　インターネット通販の大手としての部分を取り上げます。快適なお買い物を支えるサービスや新しい技術を次々と提供し、私たちの買い物の在り方を変え続けています。

ありそうでなかったものを実現したビジネス

CASE3 インディテックス

　スペイン発祥のアパレルの大手です。独自のオペレーションによりトレンドのファッションをお手頃な価格で提供し、世界各地の女性に支持されています。

CASE4 スターバックス

　高品質なコーヒーと「サードプレイス」としての居場所を提供するコーヒーチェーンです。採算性、顧客満足度、スタッフの満足度という３つをすべて調和させています。

困りごとを解決したビジネス

CASE5 セメックス

　セメント、生コンなどの建材の世界的な大手です。メキシコ発の地域密着型の事業を基盤に、次々と買収統合を成功させ、世界的な大手の一角を占めるようになりました。

CASE6 ナチュラ

　南米アマゾンの自然と人間関係を重要視したパーソナルケア商品を提供する大手です。自然環境を保全する取り組みに積極的な、サステナビリティ先進企業でもあります。

変化して生き続けるビジネス

CASE7 レゴ

　世界中にファンのいる玩具の大手メーカーです。長い歴史の間に子供たちの生活も大きく変化しましたが、引き続き多くの子供や大人のファンに支持され続けています。

新しいものをつくり上げたビジネス❶
アップル

アップルは、スマートフォンのiPhoneで、日本でもよく知られる会社です。さまざまなデバイスやサービスの展開により、常に新しい生活様式を提案し、日本でも熱狂的な支持を得ています。コンピュータ、携帯電話、タブレット、ウェアラブル端末などの製品を販売し、また、iTunes、App Storeなどのコンテンツプラットフォームを提供しています。

ⓘ アップルのビジネスモデルの概要

まだ見ぬ未来を実現させて世界中の人に新鮮な驚きと熱狂を与え、強い支持を得て勝ち続ける、これがアップルのビジネスモデルと言えるでしょう。アップルは、新しいテクノロジーを活用した未来の生活を、妥協のない追求により実現させ、その中で中心的な位置を占めるために、持てる力を集中させています。

　何か新しいことを始める際にウェアや道具を揃えて形から入ることがありますが、これには努力の先のイメージトレーニングを行うことで上達を早めるという効果があるのではないでしょうか。アップルも形から入るビジネスと言えます。つまり、アップルではデザインがすべての出発点で、デザインチームが描いた理想を実現させるために各機能が奔走する、という動き方をします。すべての商品・サービスにおいて理想に妥協なく忠実であるために、取り組むプロジェクトの数を極限まで絞り込んでいます。「アップルは、１年に20もの素晴らしいことをするようにはできていない。……経営層が注意を払うのは、最大でも３つのプロジェクトだ」と元幹部は語っています[10]。

　アップルは自社製造を持たずに外部委託で製造しますが、実は企画、製造から販売までを、自社で細部までコントロールしています。このことにより、設備投資、自社の製造技術から生じる制約という重荷から自由でありながら、理想とするデザインを実現させています。

　アップルは、従来の業界の垣根を越え、消費者の生活シーンでの自社製品の具体的な使い方までを提案します。たとえばデジタル機器には、機器（ハード）に加え、機器を動かすアプリケーションなどのソフトや、情報、ソフトを提供したり管理したりするためのサービスが必要です。アップルは「ハード、ソフト、サービスをすべて垂直統合で見て」[11]います（アップルで製品開発の責任を担うフィル・シラー上級副社長、2011年当時）。

注目ポイント

1　カテゴリーや技術以上に、デザインと使い方の提案にこだわることで、独自性を確立し、熱狂的ともいえる、より大きな支持を得ています。

2　自社の技術でできることを実現するのではなく、やりたいことに合わせて社内外の技術を調達して実現する、そのための仕組みを構築することで、優れたデザインと使い方の提案を可能にしています。

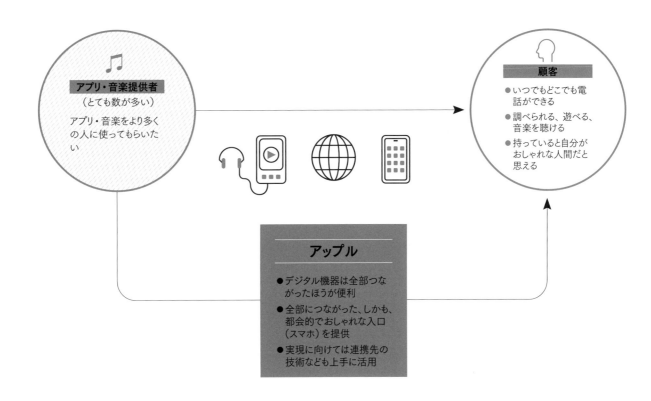

10｜アダム・ラシンスキー著，依田卓巳訳，2012.『インサイド・アップル』早川書房

11｜日本経済新聞　モバイルの達人，石川温，2011年12月7日.「ジョブズ氏亡き後のアップル、製品開発責任者が語る矜持と未来」https://www.nikkei.com/article/DGX-NASFK06034_W1A201C1000000/

アップルのビジネスモデルの3要素

戦い方（価値提供）

技術の進歩や、他商品・サービスなどから、未来を想定して新しい機器やサービスを活用したライフスタイルを提示。アップルが提示するものは未来っぽい、と思われるブランドになっています。

> イノベーター
> ファストフォロワー

提供する商品・サービス全般にわたって、ミニマムで美しさと使いやすさを実現するデザインを重要視。これにより、一貫性のある未来志向で都会的な経験として多くのユーザーに受け入れられています。

> 経験の提供者

コンピュータ、タブレット、携帯音楽プレーヤー、スマートフォン、ウェアラブルは単一のデジタルシステムのハブを形成。これにより、顧客が簡単に、メディアの制作、アプリケーションの活用、音楽やビデオなどの視聴、コミュニケーションを管理できるようにしています。

> プラットフォーマー

商品・サービス

誰もが使いやすい、モバイル通信・メディア機器、パソコン、ポータブルデジタル音楽プレーヤーなどを設計、製造、販売。

> ケイパビリティが
> 希少な商品

多くのソフトウェアやオンラインサービス、周辺機器、ネットワークソリューション、サードパーティのデジタルコンテンツやアプリケーションを販売。

> 戦い方（価値提供）が
> 希少な商品

「われわれは自分たちのために製品を作っているという強い信念を持っている。iPhoneはその代表例だ。発売前、アップルの幹部の多くは自分のスマートフォンが気に入らなかった。だから自分たちで作ることにしたんだ」

アップル共同創業者・元CEO
スティーブ・ジョブズ[12]

ケイパビリティ体系

アップルは、製品、プラットフォーム、店舗、オンライン環境など、すべてが「アップルらしい」シンプルでエレガントな驚きのあるものであるとするためのケイパビリティを構築し、ライフスタイルを提示するブランドを実現しています。そのため、消費者理解とデザイン開発などに関わるケイパビリティに差別化の源泉が集中しています。また、定めたデザイン、表現を妥協なしに実現させるために、自社の技術、能力だけではなく、第三者の技術、能力を組み合わせていることも特徴のひとつです。

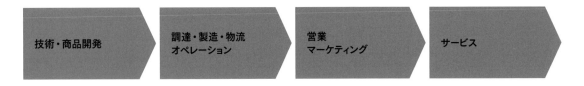

技術・商品開発　　調達・製造・物流オペレーション　　営業マーケティング　　サービス

消費者インサイト
将来の消費者ニーズを描く能力

直観的な使いやすいデザインの開発
顧客とのすべての接点におけるデザイン中心を、一貫して維持する能力

商品、サービスの画期的なイノベーション
技術と社会の進展に伴い、新たな価値観を提示し、自身のケイパビリティも進化させ続ける能力

技術統合
社内外の優れた技術をシームレスに組み合わせ、デザインを実現する能力

12│アダム・ラシンスキー著，依田卓巳訳，2012.『インサイド・アップル』早川書房

アップルのビジネスモデル要素の変遷

アップルは1970年代からの比較的長い歴史を持っています。新しい市場を見つけてそこに商品を提供するという商品性と先行者メリットで勝つ初期のビジネスモデルから、イノベーションを生み出し続けるためのケイパビリティの整備を行ったその後のビジネスモデル、さらに、最近はデジタルエコシステムを中心としたビジネスモデルへと変革を遂げています。

1976年〜
戦い方（価値提供）の構築
Computer for the rest of us

- エンジニア用だと思われていたコンピュータを一般の人たちにも提供し、当時の消費者の満たされないニーズに向き合う商品と戦い方（価値提供）を構築
- 直観的に操作できる（GUI[13]、マウスなど）コンピュータを製造して販売するシンプルなビジネス
- 「コンピューティングの未来がどんな運命かが見えた」（スティーブ・ジョブズがゼロックスパロ・アルト研究所（PARC）でGUIとマウスを目にした際のコメント[14]）

（商品の差別化を失い、業績低迷。1997年、1985年に去ったスティーブ・ジョブズが復帰。正式復帰は2000年）

1997年〜
原点回帰と
ケイパビリティの整備

- 利益の出ない多数の非主力製品を廃止し、集中的な資本投下を可能に
- サプライチェーンなど基本的なケイパビリティの整備
- スケルトンのカラフルなiMacを開発し、アップルらしさの再提示
- 「アップルは、アップルがどのような会社かということを思い出す必要があった」（1997年のマックワールドで、共同創業者スティーブ・ジョブズ）[15]

2000年〜
ビジネスモデルの進化
暮らしのデジタルハブを提供

- デジタルなライフスタイルの時代において機器を互いに結び付ける企業となる構想「1994年前後までがパソコンの生産性の黄金期（パソコンの1回目の全盛期）、変わってインターネットの時代（パソコンの2回目の全盛期）、その後デジタルなライフスタイルの時代になる」（2001年、共同創業者スティーブ・ジョブズ）[16]
- 関連ケイパビリティの構築（コンテンツ調達、インターフェイスの構築、運営等）
- 機器がデジタルハブへの入口としての意味を持つようになり、ビジネスモデルが変化

沿革[17]

1976年	アップル創業、アップル初のパソコンApple Iを発売
1979年	ゼロックスパロ・アルト研究所（PARC）でGUIとマウスを目にする
1980年	株式公開
1984年	初代マッキントッシュ発売
1990年	工業デザイン部門 (Industrial Design Group)内製化へ
1997年	ジョブズ復帰。商品を大幅に絞り込み、マイクロソフトから資金援助受け入れ
1998年	スケルトンのiMacを発表、サプライチェーン再構築、黒字化（1995年以来）
2001年	音楽端末iPod、iTunes発表、小売店舗アップルストア開業
2003年	デジタルコンテンツ販売のiTunesストア提供開始
2007年	スマートフォンiPhone発表
2008年	App Store提供開始
2009年	iPhoneがスマートフォン市場でのシェア20%に（最大手はシェア55%）
2010年	タブレットiPad発表
2011年	iCloud提供開始、ティム・クックがCEOに
2015年	スマートウォッチApple Watch発表
2016年	無線イアホンAirPods発表
2018年	アメリカ史上、初めて時価総額が1兆ドル（約108兆円）を超える企業に
2020年	時価総額2兆ドル

13 | GUI（グラフィカル・ユーザー・インターフェイス）：ユーザーが画面上で文字や図形のサイズ、フォント、色を変えられる（GIZMODO，インサイドアップル，2014.1.28.「アップル必勝パターンはここから。Macintoshの始まりの始まりを振り返る」https://wired.jp/2019/07/09/tim-cook-steve-jobs-apple-ceo/）

14 | ウォルター・アイザックソン著，井口耕二訳，2011.『スティーブ・ジョブズI』，『スティーブ・ジョブズII』講談社

15 | Chloe Albanesius, 2011. "Steve Jobs vs. Everyone: His Best Fights," PC Magazine Online. https://uk.pcmag.com/news/112129/steve-jobs-vs-everyone-his-best-fights, Accessed January 19, 2021.

16 | AppleVideoArchive, 2012. "Macworld 2001 San Francisco", January 1, 2012. YouTube. https://www.youtube.com/watch?v=AnrM4n6S3CU, Accessed January 21, 2021.

17 | Steven Levy, Encyclopædia Britannica, s.v. "Apple Inc." https://www.britannica.com/topic/Apple-Inc, Accessed February 8, 2021.

新しいものをつくり上げたビジネス❷

アマゾン

アマゾンは、インターネット通販プラットフォームの世界的大手です。書籍の販売からはじまり、現在は家具や食品、音楽、その他無限とも言えるあらゆるものを手掛けています。アマゾンは、インターネット通販以外に、フルフィルメントやAWSなどの企業向けのサービスなども提供していますが、ここではアマゾンのインターネット通販を中心に解説します。

(i) アマゾンのビジネスモデルの概要

インターネットにおける買い物の姿を常に先行して定義して支持を受け、これによる資金を投下して、さらに新しい魅力的な顧客体験を実現する事業のイノベーションサイクルを高回転させて、同業他社より早く規模と質を向上させることで勝ち続ける。これがアマゾン（小売業）のビジネスモデルです。

アマゾン（小売業）のビジネスモデルは、品揃え豊富で安く早く確実に届けてくれて買い物がしやすい、ネット通販の提供する体験に多くの買い物客が集まる、というシンプルなものです。

この体験を誰よりも早く、徹底して提供することで、アマゾンを好んで使う人は、買い物ページがわかりやすく買いやすいこと、期限通りに配送されることなどの利便性や安心感に慣れて、できる限りアマゾンで買うようになっていきます。

アマゾンが他のネット通販と大きく違うのは、実際にモノを届けるための倉庫や物流に対する大規模な投資を早期に行い、ショッピング体験を向上させたことです。

圧倒的な事業規模を背景に、自社サイトでの買い物体験を向上させ続けるための桁違いの事業開発投資を行い、ネット通販の在り方を常に進化させています。

◎ 注目ポイント
1　自社サイトで提供する体験をアップデートし続け、インターネット上のすべての取引において消費者が期待する経験の基準をつくり続けています。
2　施設やシステムなどへの投資を大々的かつ迅速に行うことで、同業他社との差別化を実現しています。

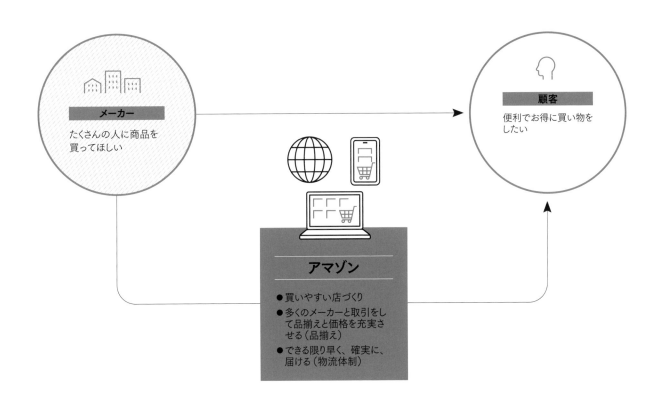

メーカー
たくさんの人に商品を買ってほしい

顧客
便利でお得に買い物をしたい

アマゾン

●買いやすい店づくり
●多くのメーカーと取引をして品揃えと価格を充実させる（品揃え）
●できる限り早く、確実に、届ける（物流体制）

アマゾンのビジネスモデルの3要素

戦い方（価値提供）

「どんなものでも」リーズナブルな価格でストレスなく買える場を提供しています。そのために、可能な限り中間流通を排除し、新しいテクノロジーやサービスモデルの開発などのイノベーションに積極的に取り組んでいます。

$\longrightarrow$
プラットフォーマー
バリュープレーヤー
イノベーター
経験の提供者
中抜き

商品・サービス

宅配できるあらゆる物品の他、電子書籍や、クラウドサービスで提供するパソコンのソフトウェア、ダウンロードやストリーミングに対応するコンテンツなどを、自社の小売店舗で販売。

$\longrightarrow$
戦い方（価値提供）が希少な商品・サービス

ケイパビリティが希少な商品・サービス

「弊社の小売事業について言えば、顧客は低価格を求めています。これは10年後も変わらないでしょう。顧客は迅速な配送や幅広い選択肢も求めています。10年後に顧客が私のところにやってきて、『ジェフ、私はアマゾンが大好きだ。もう少し価格を上げて、もう少し時間をかけて配送してほしいのだが』と言うとは到底思えません。長い目で見ても正しいと思えることがあれば、そこに大いにエネルギーを注ぎ込むことができます」

アマゾン創業者・元CEO　**ジェフ・ベゾス**[18]
（2012年）

ケイパビリティ体系

品揃えと価格というマス向けの小売の一般的なケイパビリティに加え、買いやすさの追求のために投資を徹底することで、他の一般的な小売と明確に異なる買い物の体験を生み出しています。買い物にあたって、全くコールセンターに問い合わせがないことを目標とする[19]ほどです。オンラインの小売で商品が着実に届くことを重視して、物流などの事業プロセスの全般をアップデートし、ワンクリック、レコメンデーション、ランキングなど次々に新しい買い物の体験の在り方を開発し続けています。

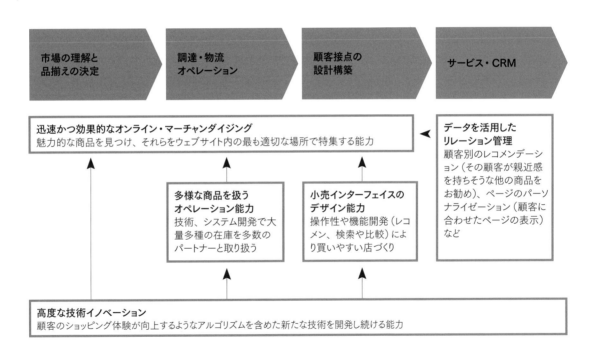

18.19 | 「そもそも顧客から電話がかかってくること自体、ベゾスにとってはシステムの欠陥を示すもので気に入らない」、「（アマゾンCEOの）ベゾスは顧客の（コールセンターへの）電話をアマゾンシステムの欠陥を示す指標だと考えており、あらゆる手段を講じて販売商品1点あたりの顧客コンタクト数を引き下げようとしている」（ブラッド・ストーン著，井口耕二訳，滑川海彦解説，2014.『ジェフ・ベゾス　果てなき野望—アマゾンを創った無敵の奇才経営者』日経BP社）

アマゾンのビジネスモデル要素の変遷[20]

アマゾンはネット起業が多かった1995年に創業し、創業以来一貫したビジネスモデルを追求しています。変わらないものに着目して、先行投資を行い続け、今やアマゾンエフェクト（アマゾン効果）などと言われ、サービス提供全般の基準となって大きな影響を及ぼしています[21]。

1995年〜
エブリシングストア

変わらないものに着目する

柔軟な方針転換

- エブリシングストア（なんでもある店）を目指し、書籍から徐々に拡大
- ベゾスは、当初から品揃えと低価格と経験が集客につながり、さらに販売者が集まり、品揃えが価格につながる、という循環を明確にイメージしていた
- 同じモデルで、イギリス、ドイツなど積極的な海外展開を推進

- 「『今後10年で何が変わるか』という質問はよく受けますが、『今後10年で変わらないものは何か』という質問を受けたことはほとんどありません。私が思うに、実際には2番目の質問のほうが重要です。なぜなら時を経ても変わらないものを柱にして事業戦略を立てることができるからです」[22]（2012年、ジェフ・ベゾス）
- すべての商品のランキング、ワンクリック、レコメンデーション、プライムなど、数多くのイノベーションを先行構築し続け、消費者の期待値を形成
- 2000年の株価急落時にも、ケイパビリティへの投資は一貫して継続

- 創業間もなくショッピング体験を向上させるために、物流倉庫、倉庫運営システム、運営技術などへの投資により物流機能を大幅に拡充し、現在の翌日配送、プライムサービスなどのサービスを実現（創業当初は他のネット通販同様施設等を持たないこととしていた）
- ネットバブル崩壊後、テレビ広告をすべて止め、マーケティング部門解体、配送料無料への投資に充てる[23]

沿革[24][25]

1995年	アマゾンの正式サービスを開始
1997年	株式公開、物流機能を大幅拡充、中間流通を排除
1998年	ミュージックストアを開設し音楽配信事業に参入。イギリスとドイツにてサービス開始
1999年	ユーザーが累計1000万人に。米特許商標庁からワンクリック(1-Click)特許取得、マーケットプレイス提供開始
2000年	ネットバブル崩壊、リストラとコスト削減を進める。日本語サイトAmazon.co.jpオープン
2001年	アマゾンに立ち読み機能追加
2002年	クラウドサービス「Amazon Web Services」(AWS)を開始
2005年	会員制プログラム「アマゾンプライム」提供開始
2007年	電子書籍のリーダー「Amazon Kindle」提供開始、電子書籍販売サービス「Kindleストア」開設、Amazon Fresh事業開始
2008年	オーディオブックAudible買収
2009年	靴のネット販売大手「ザッポス」(Zappos.com)を買収
2011年	電子書籍リーダー「Kindle Fire」を発表
2012年	ロボットメーカーのKiva Systemsを買収
2014年	アメリカにてスマートフォン「fire phone」を発売
2015年	シアトルにAmazonbooks店舗オープン（現在全米に15店舗を展開）、音声サービスEcho提供開始
2017年	スーパーマーケットWhole Foods買収
2018年	時価総額が1兆ドル（約108兆円）を超える企業に
2021年	CEO交代

20 | ブラッド・ストーン著，井口耕二訳，滑川海彦解説，2014.『ジェフ・ベゾス 果てなき野望―アマゾンを創った無敵の奇才経営者』日経BP

21 | 2017年のトイザらスの破綻（アメリカ連邦破産法第11条の適用申請）、アマゾンによる高級食材スーパーWhole Foods買収の頃から言われ始めた。たとえば、Financial Timesの2017年7月28日「The Amazon effect convulses a febrile Wall Street（アマゾンエフェクトが熱狂するウォールストリートを震撼させる）」では、アマゾンの発表による業界各社の株価の大幅な動きを伝えている（https://www.ft.com/content/18cb65ea-733d-11e7-aca6-c6bd07df1a3c、2021年3月28日閲覧）。PwCの毎年行う世界中の消費者の意識を理解するための調査も、2017年から特別にアマゾンについての設問を設けている。たとえば、アマゾンの登場により小売店での買い物の頻度が減少しているとする消費者は、日本では、世界各国平均（28％）、アメリカ（37％）よりさらに多い39％に上る（「Total Retail 2017」https://www.pwc.com/jp/ja/japan-knowledge/archive/assets/pdf/total-retail1706.pdf、2021年3月28日閲覧）

22 | Amazon Web Services, 2012. "2012 re:Invent Day 2: Fireside Chat with Jeff Bezos & Werner Vogels", https://www.youtube.com/watch?v=O4MtQGRIIuA, Accessed September 14, 2021

23 | 2000年と2001年のホリデーシーズンに、アマゾンは、100ドル以上購入すれば配送料を無料にするサービスを提供している（ブラッド・ストーン著，井口耕二訳，滑川海彦解説，2014.『ジェフ・ベゾス 果てなき野望―アマゾンを創った無敵の奇才経営者』日経BP社）

24 | Lydia DePillis and Ivory Sherman, 'Amazon's extraordinary evolution', https://edition.cnn.com/interactive/2018/10/business/amazon-history-timeline/index.html, Accessed 9 February 2021

25 | 「アマゾンジャパンの沿革」https://amazon-press.jp/Top-Navi/About-Amazon/Milestones.html、2021年2月9日閲覧

ありそうでなかったものを実現したビジネス❶
インディテックス

インディテックスは、ZARAなどの、旬のファッションを手頃な価格で世界中に提供するブランドを展開する、スペインのアパレル大手企業です。インディテックスは複数のブランドを運営していますが、ここでは基幹ブランドのZARAの取り組みを中心に見ていきます。

ⓘ インディテックスのビジネスモデルの概要

インディテックスは、品揃えなどの判断のタイミングを戦略的に配置し、情報とモノの流れを速めることで、お手頃価格、トレンド、おしゃれという3つの条件を揃えたファッションを、主に働く女性向けに提供しています。

　一般的にアパレル業界は、半年かけて商品をデザインし、生産し、店舗まで配送しています。シーズンの初めに店頭に並べた商品が当たるか当たらないかでそのシーズンの収益が決まります。半年先に何が流行するのかを見極めるのは難しく、シーズン後半は売れ残りセールと大量の廃棄が生じ、ビジネスはかなり不安定な構造です。外部委託を進めて生産コストを転嫁しても、相変わらず売れ残りのリスクは大きなものでした。

　インディテックスのZARAではこの問題に、ファッションの見極め精度を高めることで挑みました。期初の生産は少なくする一方、シーズン中に売れ筋を見極めつつ、新しい商品を3週間ほどのスピード感で店頭に並べるのです。流行のファッションを、タイミングよくお手頃価格で提供できるようになれば、顧客との信頼関係が生まれます。また、処分値下げや廃棄がなくなれば、コストも大幅に削減できるようになります。

　スピードを実現するための要が、情報とモノの流れのための仕組みです。店舗と本部の間で情報を的確に素早く伝達するためのシステム、デザインと生産スピードを実現するための自社設備とパートナーシップ、商品を素早く店舗に届けるための自社の航空便輸送網の整備まで、惜しみなく投資しています[26]。

◎ **注目ポイント**

1　流行のファッションを的確に、お手頃の価格で、世界中のファッション感度の高い女性に届けるためのビジネスの仕組みをつくり上げました。

2　ビジネスモデルを実現するために、迅速な情報の流れを確保するためのシステムへの投資を行うのみならず、商品などのモノの流れのスピードも確保するために各拠点の配置と、物流網の整備までも行っています。

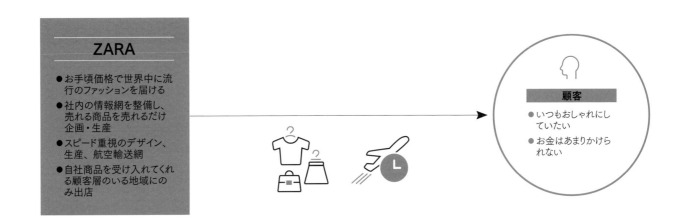

ZARA

- お手頃価格で世界中に流行のファッションを届ける
- 社内の情報網を整備し、売れる商品を売れるだけ企画・生産
- スピード重視のデザイン、生産、航空輸送網
- 自社商品を受け入れてくれる顧客層のいる地域にのみ出店

顧客

- いつもおしゃれにしていたい
- お金はあまりかけられない

26｜ポール・レインワンド著，チェザレ・メイナルディ著，アート・クライナーその他，PwC Strategy&訳，2016.『なぜ良い戦略が利益に結びつかないのか──高収益企業になるための5つの実践法』ダイヤモンド社

インディテックスのビジネスモデルの3要素

戦い方（価値提供）

流行のファッションを、リーズナブルな価格で迅速に企画・提供することで世界中のファッション感度の高い女性に支持されています。 ⟶ カスタマイザー

そのためのビジネスモデルとケイパビリティの開発、イノベーションに絶え間なく取り組んでいます。 ⟶ イノベーター

近年は、環境への負荷が低いアパレルビジネスへの転換を急速に進め、これにより尊敬できるアパレルメーカーとしてのレピュテーション（評判）でさらに支持を集めています[27]。 ⟶ 評判プレーヤー

商品・サービス

レディース、メンズ、キッズ向けのアパレル商品や、家庭用ファッション小物を専門としています。 ⟶ 戦い方（価値提供）が希少な商品・サービス

> 「デジタル変革と、他にない水準のサステイナビリティの取り組みは、顧客に最高の品質のファッションをお届けするという我々のビジネスモデルに裏打ちされ、また、その効率性を補完するものである」
>
> インディテックス会長兼CEO
> **パブロ・イスラ**[28]

ケイパビリティ体系

インディテックスは、スピードと高い予測精度を目指して、バリューチェーン横断的にケイパビリティを構築しています。スピードが根幹にありつつ、低コストと、品質を含め3つのバランスがとれるようなケイパビリティ体系が組まれています。

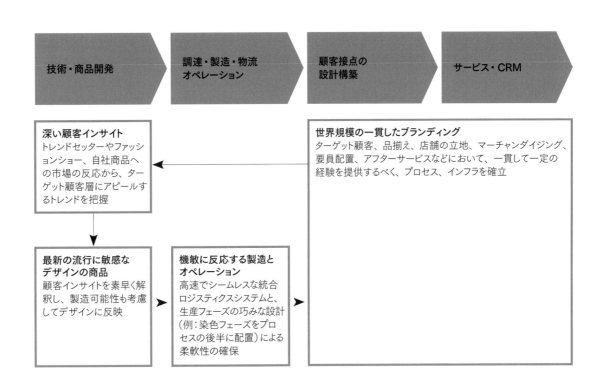

技術・商品開発

調達・製造・物流オペレーション

顧客接点の設計構築

サービス・CRM

深い顧客インサイト
トレンドセッターやファッションショー、自社商品への市場の反応から、ターゲット顧客層にアピールするトレンドを把握

世界規模の一貫したブランディング
ターゲット顧客、品揃え、店舗の立地、マーチャンダイジング、要員配置、アフターサービスなどにおいて、一貫して一定の経験を提供するべく、プロセス、インフラを確立

最新の流行に敏感なデザインの商品
顧客インサイトを素早く解釈し、製造可能性も考慮してデザインに反映

機敏に反応する製造とオペレーション
高速でシームレスな統合ロジスティクスシステムと、生産フェーズの巧みな設計（例：染色フェーズをプロセスの後半に配置）による柔軟性の確保

27 | WWD，2019.「『ザラ』の親会社が2025年までにサステナ素材100％宣言『われわれはファストファッションとは対極にある』」https://www.wwdjapan.com/articles/903678 2021年1月18日閲覧

28 | INDITEX，https://www.inditex.com/article?articleId=630055&title=Pablo+Isla+sets+out+Inditex%27s+global+sustainability+commitments，2021年10月27日閲覧

インディテックスのビジネスモデル要素の変遷[29]

インディテックスは1963年にスペイン北部のガリシア州の港町ラコルーニャで仕立て屋として創業されました。1975年に創業者のアマンシオ・オルテガが、手頃な価格ながら安っぽく見えない服というコンセプトの婦人服店を開きました。そこで、顧客の動向により商品のラインアップを素早く調整し、自ら生産し販売することを学び、方向性を維持したまま全世界に事業を展開しています。

1975年〜
お手頃価格のファッション

- 手頃な価格ながら安っぽく見えない服というコンセプトの婦人服店を開店
- 顧客の動向により商品のラインアップを素早く調整する、自社生産販売を開始
- 同業他社が生産コストのみに着目して海外から製品を大量に調達するのに対し、スピード感を最重要視。作り足すことで、トータルのコストを抑えることに成功

1988年〜
国際展開と
ケイパビリティの拡充

- 構築したビジネスモデルを全世界に展開
- 物流、システムなどへの投資を継続的に行い、ケイパビリティを蓄積

2005年〜
サステナビリティへの注力

- 2005年ごろから急速に、事業に関わるサステナビリティの推進を加速させる
- ZARAが主要な顧客層とする、都市部のおしゃれで地球の将来に思いを向けることができる女性たちその他のステークホルダーに向けて、ファッションと地球環境との最適なバランスを探り、新しい戦い方（価値提供）、ケイパビリティを築いていることをアピール

沿革[30]

1963年	創業者アマンシオ・オルテガが仕立て屋を始める
1975年	ZARA 1号店開店
1984年	物流センター開設
1985年	インディテックス設立
1988年	初の海外店舗をポルトガルに開店
1989年	アメリカ、ニューヨークでZARA開店
1990年	フランス、パリでZARA開店
1991-99年	取り扱いブランド増加[31]
1998年	東京・渋谷で日本初のZARA開店
2001年	株式公開
2002年	'for&from' 障がい者支援プログラム開始
2003年	インテリアを手掛けるZARA HOME展開開始
2004年	香港での開店に伴い56市場2000店舗を展開
2005年	パブロ・イスラがCEOに就任
2006年	2007-2010 Environmental Strategic Planを発表
2007年	オンラインストアzarahome.comサービス開始
2008年	環境配慮型店舗アテネに開店、東京・銀座に全世界4000店舗目となるZARA開店
2009年	バルセロナに環境配慮型店舗、スペインに新物流センター開設
2010年	オンラインストアzara.comサービス開始、Sustainable Inditex 2011-2015発表
2015年	店舗数7000店突破、従業員への収益還元策
2016年	最もサステナブルなリテイラー（ダウジョーンズ・サステナビリティ・インデクス）、2016-2020 Environmental Strategic Plan発表
2019年	202か国で事業展開（うち96か国で実店舗、66か国でオンラインプラットフォーム）

29 ｜「ユニクロ・Ｈ＆Ｍ・ZARAも参入『エコファッション』は大手ブランド最後の生きる道か」https://www.businessinsider.jp/post-201856
30 ｜ https://www.inditex.com/about-us/our-story、2021年2月10日閲覧
31 ｜ Pull&Bear、Massimo Dutti、Bershka、Stradivariusといったブランド

ありそうでなかったものを実現したビジネス❷
スターバックス

スターバックスは、アメリカ、シアトル発のコーヒーチェーンです。コーヒーの飲める「サードプレイス」として顧客に支持され、世界80以上の国や地域に3万以上の店舗[32]を、日本では1628店舗を展開しています[33]。

ⓘ スターバックスのビジネスモデルの概要

スターバックスは、集中出店した直営店のスタッフを中心に、高品質のコーヒーを飲みながら落ち着ける「サードプレイス」としてのブランドを構築して、顧客の支持を受けるビジネスモデルを構築しています。

スターバックスは、創業当初から「場」に着目し、こだわってきたコーヒーチェーンです。1980年代に家庭、職場に次ぐ、リラックスできる3つ目の人々の居場所（「サードプレイス」）として、高品質のコーヒーを飲みながら、来店客が自分という個人に戻れる時間を過ごす場を提供する、特別なコーヒーチェーンになりました。

スターバックスは直営店[34]を一定の地域で集中的に展開することにより、このような特別な場と、その場での経験を実現しています。直営店であることから、店舗環境とサービスの設計、スタッフの扱いなどを自由に決めて、徹底させることができます。実際に、提供メニューやスタッフの処遇など業界の常識と異なる取り組みを進めてきました。

一定地域に集中出店することで、地域内のブランド認知やオペレーションにおける投資効果を高めています。スターバックスの店舗の運営を効率的に行うことで、商品開発やスタッフの接客など、店舗での経験を高めるために、より大きな投資ができるようになります。

◎ 注目ポイント

1　「サードプレイス」という場の価値をビジネスに組み込むことで、従来のコーヒーチェーンとは異なるポジションを確立しました。

2　直営店を中心とし、一定の地域に集中的に店舗を置くことで場の提供する価値を実現しています。

スターバックス

● 美味しい、楽しいコーヒードリンクを考えて提供
● 直営店を一定地域に集中出店
● くつろげる店の環境づくり
● 働きやすい環境

顧客

● 美味しいコーヒードリンクを飲みたい
● 落ち着ける環境でゆっくり時間を過ごしたい

32｜2019年6月末現在。「Starbucks company profile」https://www.starbucks.com/about-us/company-information/starbucks-company-profile、2021年2月7日閲覧、原文：Total stores: 30,000 across 80 markets (as of June 30, 2019)

33｜2020年12月末現在。「会社概要」https://www.starbucks.co.jp/company/summary/、2021年2月7日閲覧

34｜日本でも直営店ではないライセンス店舗は1割に満たない

スターバックスのビジネスモデルの3要素

戦い方（価値提供）

家庭と職場に続く「サードプレイス」と、関連する商品・サービスを開発し、提供し続けることで広く支持を得ています。 ⟩ 経験の提供者

自社にとっての市場があると思われる地域に集中的に出店し、その地域において大きな存在感、規模を獲得することで、地域ごとに効率的に、強いブランドを構築しています。 ⟩ カテゴリーリーダー

商品・サービス

コーヒーの提供と販売を行う小売店の運営、コーヒー・紅茶と関連するフードやドリンクの多様な形態での販売を行っています。 ⟩ 戦い方（価値提供）が希少な商品・サービス

「昔からどこにでもある商品、つまりコーヒーに再投資して情緒と心の交流を織り込むのだ。何世紀にもわたってコーヒーがはぐんできた神秘な魅力を再発見し、その繊細な雰囲気と形式、技術で顧客を魅了することができる」

スターバックス元会長兼CEO
ハワード・シュルツ[35]

ケイパビリティ体系

ブランドを通じて得られる経験を支えるために、4つのケイパビリティを体系的に整えています。根本にあるのは、ビジネスモデルの中心でもある「サードプレイス」としての経験の設計と実現のためのケイパビリティ体系です。そのために、商品と店舗における経験の開発、経験を自らきめ細かく厳格に管理するための直営店による集中的な出店手法、そして、従業員を維持するためのパートナー採用、育成プログラムを、ケイパビリティとして構築しています。

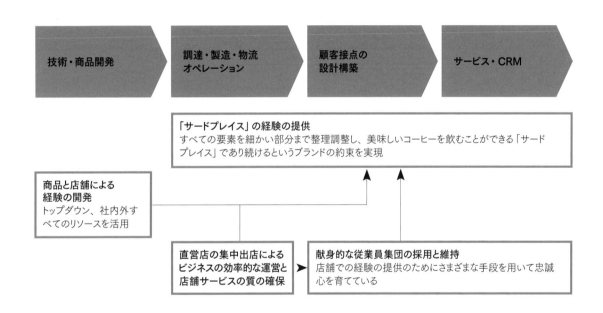

スターバックスのビジネスモデル要素の変遷[36]

スターバックスは1980年代から、長く市場にあったコーヒーを飲む機会を再定義、再投資して消費者に提供し、その経験がもたらす価値を中心にビジネスモデルを構築してきました。現在では、世界規模で、デジタルと店舗が融合していく中での新しい経験のあり方を模索しています。

1983年〜
戦い方（価値提供）の構築
The Third Place

- 1980年代、アメリカにてカフェ人気が拡大しつつあった
- スーバックスは先行して、質の良いコーヒーとサードプレイスという価値を実現
- コーヒーの香りの漂う店内の環境と、店舗の従業員満足度のために、直営店と、商品・サービスの開発にこだわる

（2007年、積極的拡大と多角化の裏で、顧客単価、来店客数ともに大幅に落ち込み、株価急落、赤字転落。
2008年にシュルツがCEOに復帰）

2007年〜
本来の価値提供への回帰と
磨き込み
成長と経験の両立

- 不採算店を閉鎖するなどの施策
- サードプレイスに回帰するための施策：朝食メニューの撤廃、全世界の全店舗の3時間休業による美味しいコーヒーの淹れ方の再研修、など
- 業績は大きく回復、2011年には過去最高利益を更新

2011年〜
ビジネスモデルの進化
デジタルを含めた経験提供

- モバイルオーダー、リワードプログラムなどによりロイヤルカスタマーとの直接のチャネルを構築
- コーヒーのプレミアムな体験に特化した「リサーブ・ロースタリー＆テイスティング・ルーム」により店舗の新たな役割の試行
- 中国にてアリババと提携してのO2O（Online to Offline）の試行

沿革[37]

1983年	ハワード・シュルツがイタリアのバルにてスターバックスのコンセプトを閃く
1985年	コーヒーチェーンを設立（イル・ジョルナーレ社）。スターバックス社のコーヒー豆を使ったコーヒーとエスプレッソドリンクを販売する
1987年	イル・ジョルナーレ社がスターバックス社を買収、社名をスターバックス社に。5年間で125店舗のオープンを目標として積極的に店舗を展開
1988年	パートタイマーを含む従業員に健康保険を適用（米民間企業初）。離職率が顕著に低下
1991年	パートタイマーを含む従業員に自社株式購入権を提供する、ビーンストック制度を開始（米民間企業初）。「社員」は、会社の経費を削減する方法、売上を伸ばす方法、その他斬新なアイデアを積極的に提案するようになった
1994年	アイスドリンクのフラペチーノを発売
1996年	北米以外に最初に進出する地域として日本に進出
2000年	ハワード・シュルツがCEOから会長に。二代のCEO(オーリン・スミス、ジム・ドナルド)は積極的成長を追求。書籍、音楽、映画の販売に拡大
2006年	温めて提供する朝食メニューの取り扱い開始。顧客単価が減少
2007年	来店客数が大幅に落ち込み、株価は42%下落
2008年	赤字転落、ハワード・シュルツがCEOに復帰。業務改革に着手
2011年	過去最高利益を更新、モバイル・オーダー・アンド・ペイ提供開始
2014年	「リサーブ・ロースタリー＆テイスティング・ルーム」オープン
2016年	ハワード・シュルツが社長退任、日本でモバイルアプリ提供開始
2018年	ハワード・シュルツが会長退任
2019年	「リザーブ・ロースタリー東京」オープン
2020年	持続可能なカフェ、手話で運営するカフェなどをオープン

36 ｜ 「Starbucks Coffee Company」 https://www.starbucks.co.jp/company/history/fy2019.html, Accessed October 7, 2021

37 ｜ 「Starbucks Coffee Company」 https://www.starbucks.com/about-us/company-information/starbucks-company-timeline, Accessed October 7, 2021

困りごとを解決したビジネス❶
ナチュラ

ナチュラは、直販モデルを中心に商品を提供するブラジル発のパーソナルケア大手企業です。南米アマゾンの自然や人と人とのつながりを重要視する姿勢が支持されています。

ⓘ ナチュラのビジネスモデルの概要

「Bem estar Bem (ベム・エスタル・ベム：個々人が快適で調和のとれた心身状態にあること、人々が互いに喜びにあふれた関係にあること)」というスローガンを軸に、自然派の商品を通じて、健康、人間関係、自然とのつながりを大切にし、肌を機能的に美しくするのみならず、心と体のより本質的な美しさを提供することを目指しています[38]。

パーソナルケアビジネスは、美しくなる、健康になるという機能的な価値に加えて、信頼する人から勧められ、親しい人に褒められるという経験、情緒的な価値が大切なビジネスです。ナチュラは、自社の商品と思想に共鳴してくれるコンサルタントと連携することで、顧客と長く深く続く関係性を築いています。

顧客との信頼関係を裏付けるために、頻繁に新商品を出すことができる商品開発体制や、ブラジルのすみずみまで商品を届けることができる、品質の高い物流体制を整備して、事業機会を最大化することにも成功しています。

パーソナルケア、化粧品業界は、研究開発に多額の投資が必要な業界でもあります。世界の最大手の同業他社が大規模な研究開発資金を投じる中、ナチュラでは、ナチュラらしい商品を提供するため、アマゾンの恵みからの恩恵を受け続けるために投資をしています[39]。

最近では、アマゾンに近いブラジルの本国を離れ、自社の思想をグローバルとデジタルに広げるという挑戦を積極的に進めています。

1　創業当時から、ビジネスの成功と、地域社会・自然環境への貢献を両立させることを目指して運営しています。

2　顧客とコンサルタントとの信頼関係を維持するために、商品開発、サプライチェーン、物流などの事業プロセスを一貫して整備しています。

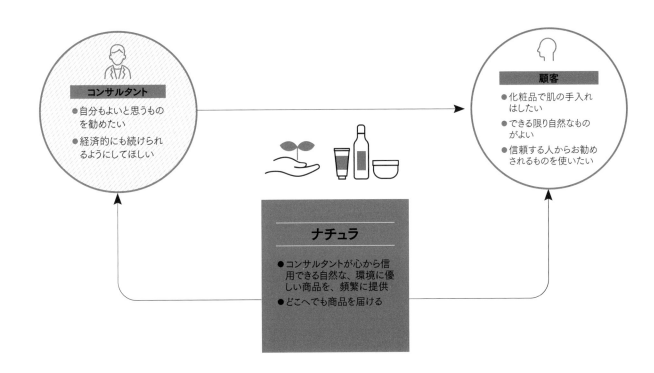

コンサルタント
- 自分もよいと思うものを勧めたい
- 経済的にも続けられるようにしてほしい

顧客
- 化粧品で肌の手入れはしたい
- できる限り自然なものがよい
- 信頼する人からお勧めされるものを使いたい

ナチュラ
- コンサルタントが心から信用できる自然な、環境に優しい商品を、頻繁に提供
- どこへでも商品を届ける

38 ｜ 「Natura & Co」https://naturaeco.com/en/brands/natura/、2021年3月28日閲覧

39 ｜ The Guardian, 2015. "Buying our products won't buy you a pass to heaven, says Natura founder", https://www.theguardian.com/sustainable-business/2015/feb/26/buying-our-products-wont-buy-you-a-pass-to-heaven-says-natura-founder, Accessed January 28, 2021

ナチュラのビジネスモデルの3要素

戦い方（価値提供）

人間関係や自然とのつながりを重視する商品やコンサルタントとの接点
を通じた経験を提供することで支持を得ています。　⟩　経験の提供者

事業の運営において、コンサルタントとの関係性、アマゾンの保護な
どの各種活動によって尊敬を受け、評判を得ることで、さらに同業他　⟩　評判プレーヤー
社とは異なるポジションを確立しています。

商品・サービス

中南米を中心にアマゾンの自然に根差して、生活や人のつながりを重　　　　戦い方（価値提供）が
要視したパーソナルケア商品を開発、製造、販売しています。　⟩　希少な商品・サービス

> 「自分がより幸せでありたいと願うのであれば、自分の所属する
> コミュニティの幸せが大きくなるように労を取らなくてはなりません
> ……私たち一人ひとりが本当に世界を変え、自然を尊重し、自
> 然とつながる力を持っています。私たちは、この考え方を通じて
> 事業を構築しようとしてきました」
> ナチュラ共同創業者 **ギリェルメ・レアル**[40]

ケイパビリティ体系

ダイレクトセールスチャネルと、信頼性の高い物流、迅速な商品開発、持続可能性に配慮したマネジメント、クリエイティブな調達といったケイパビリティにより、顧客の経験を具現化し、また、環境に配慮しているナチュラという信頼を支えることができています。

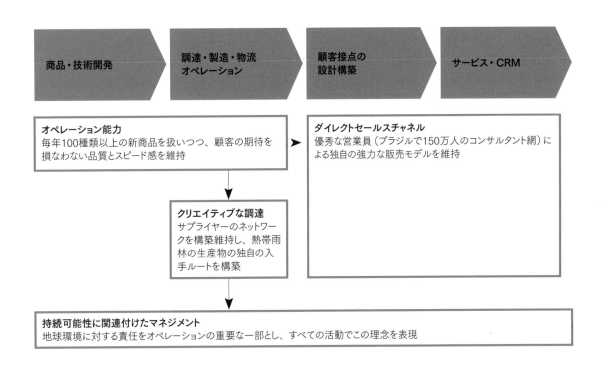

商品・技術開発

調達・製造・物流オペレーション

顧客接点の設計構築

サービス・CRM

オペレーション能力
毎年100種類以上の新商品を扱いつつ、顧客の期待を損なわない品質とスピード感を維持

ダイレクトセールスチャネル
優秀な営業員（ブラジルで150万人のコンサルタント網）による独自の強力な販売モデルを維持

クリエイティブな調達
サプライヤーのネットワークを構築維持し、熱帯雨林の生産物の独自の入手ルートを構築

持続可能性に関連付けたマネジメント
地球環境に対する責任をオペレーションの重要な一部とし、すべての活動でこの理念を表現

---

40 | The Guardian, 2015. "Buying our products won't buy you a pass to heaven, says Natura founder", https://www.theguardian.com/sustainable-business/2015/feb/26/buying-our-products-wont-buy-you-a-pass-to-heaven-says-natura-founder, Accessed January 28, 2021（原文 "If we want to grow our own happiness," he says, "we need to invest in growing the community happiness and take care of the whole …… Each of us has the real power to change the world, to respect and connect with nature. We are nature. We try to build our business through this practice." ― Guilherme Leal, Natura's co-founder）

ナチュラのビジネスモデル要素の変遷

ナチュラはあらゆる世代の女性たちの健康と幸せな暮らしを支えるパーソナルケア商品を提供し、その価値を具現化させるために、直販コンサルタントのネットワークや調達物流網を構築し、中南米で成功を収めています。時代の流れとともに、ナチュラは、従来の価値とそれを届ける仕組みに矛盾しない形で、サステナビリティ、デジタル、グローバル展開に挑戦しています[41]。

1969年〜
幸せな暮らし、
幸せに暮らす
Bem estar Bem

- 商品の機能や効能ではなく、あらゆる世代の女性たちの健康と幸せな暮らしを支え称える、高品質で自然志向のパーソナルケア商品を販売提供
- 考えに賛同する直販コンサルタントにより、多くのブラジル女性と密接な関係を築く
- コンサルタントの活動を支えるために、年間100以上の超高速の商品開発を行い、商品を48〜96時間以内に届けられるスピードと品質と柔軟性に優れた物流網を整備
- 2000年代以降、サステナビリティのマネジメントを経営の原則として取り入れ、取り組みを加速させる

1998年〜
デジタル化の推進

- Rede Natura（ナチュラネットワーク）などを通じて顧客とオンラインで関係構築
- ダイレクトセリング（直販売）の考えをオンラインで取り入れ、新しい仕組みを構築

2005年〜
グローバル展開

- 2012年にオーストラリアのAesopを、2017年にThe Body Shop、2019年にはAVONを買収し、ビジネスを急速に中南米から全世界に拡大

「複数の地域の複数の販売チャネルにおいて運営するマルチブランドのビジネスになることとしました。さらに、それはナチュラと同じような価値を持つ他社や他社ブランドとの連携において行われるべきです」

ナチュラCEO
ジョアン・パウロ・フェレイラ[41]

沿革

1969年	アントニオ・ルイス・セアブラガサンがブラジルで、高品質で自然志向のパーソナルケア商品販売として創業
1974年	直販売モデルを採用
1982年	チリに展開、以降ラテンアメリカ各国に展開開始
1984年	商品のリフィル提供開始（ブラジルのパーソナルケア業界初）
1990年	Reason for being（存在意義：ウェルビーイングと善くあることを助ける、商品・サービスを開発販売すること "to create and sell products and services that promote well-being/being well."）公表
1993年	母と子の絆を強める商品としてベビーラインの発表、トリプルボトムライン採用
2000年	ブラジル原産の素材を活用したEkos Lineの発表
2004年	株式公開
2005年	フランス、パリに進出
2006年	動物実験の全廃
2007年	二酸化炭素排出量の削減を目指したカーボンニュートラルプログラム発表（2013年には排出量を1/3にする目標を達成）
2010年	この頃、多ブランド化、グローバル化、マルチチャネル化の方向性を決定
2011年	アマゾン地域への投資プログラムであるアマゾンプログラム開始
2012年	Aesop（オーストラリアのブランド）買収開始（2016年に完了）
2013年	SOUラインにてパッケージのプラスチックを70％削減
2014年	初のB Corp認証を受けた公開企業となる
2017年	The Body Shop買収
2018年	Natura、Aesop、The Body Shopの3社で、Natura & Coグループ発足
2019年	AVONを買収し、世界第4位の化粧品会社になる

41 | PwC, 2019. "A sustainable approach to the beauty business" strategy+busines, https://www.strategy-business.com/article/A-sustainable-approach-to-the-beauty-business, Accessed October 7, 2021

困りごとを解決したビジネス❷
セメックス

セメックスは、世界のセメント、コンクリート製品サービスの開発、販売を手がける、メキシコ生まれの大手建材メーカーです。複数の買収統合を成功させて世界の最大手の一角を占めるに至りました[42]。

(i) セメックスのビジネスモデルの概要

世界各地のセメント、生コン等の商品と建設関連サービスにおいて、各地域の顧客の課題を理解し解決することにより深い関係を築き、同時に先端的な事業運営手法を適用することによって、優位的立場を保ち続けるビジネスモデルを構築しています。

セメックスが扱うセメント、コンクリートはコモディティ商品の代表ともいうべき商材です。価格も安く、差別化を図るのが難しい商材でもあります。同じ商品を世界各地で使う一方で、先進国では環境問題への対応の必要性、途上国ではそもそもの建築ノウハウの不足など、その地域ごとの課題があります。

セメックスは、早い時期から生産設備や物流のテクノロジーへの投資、高度なマネジメント技術の採用を積極的に進めることで、オペレーションの効率と実効性を徹底させ、コスト低減や高品質化を実現させてきました。

新しい価値も提供しています。展開する各地域の自治体や住民と密接な関係を構築して、かれらの課題を理解し、その課題を解決する商品・サービスを開発し続けています。近年では持続可能性を事業全般に浸透させることで、顧客、地域社会、地球の課題を解決する企業であるという評判をも獲得し、差別化を可能にしています。

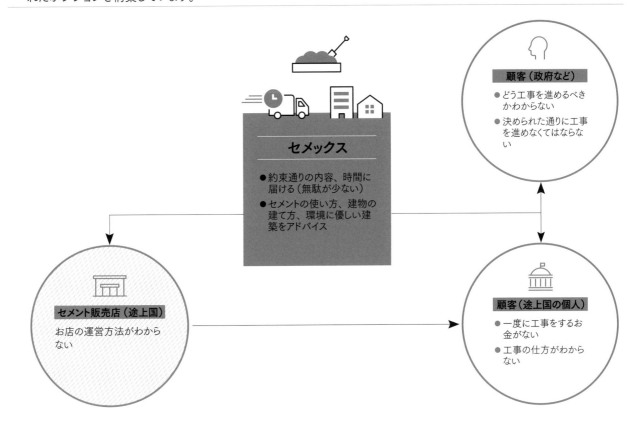

◉ 注目ポイント

1 自国に大きな市場を持つ企業でないにもかかわらず、先端的な事業運営手法を積極的に取り入れ、事業とM&Aを成功させることでグローバル大手に躍進しています。

2 コモディティ商品を扱いながらも、顧客の課題を理解し解決策を提供することで、顧客との深い関係を構築し、差別化されたポジションを構築しています。

顧客（政府など）
● どう工事を進めるべきかわからない
● 決められた通りに工事を進めなくてはならない

セメックス
● 約束通りの内容、時間に届ける（無駄が少ない）
● セメントの使い方、建物の建て方、環境に優しい建築をアドバイス

セメント販売店（途上国）
お店の運営方法がわからない

顧客（途上国の個人）
● 一度に工事をするお金がない
● 工事の仕方がわからない

42 | Latin American Financial Publications, Inc., 2002. "An Intercontinental Mix", https://www.latinfinance.com/magazine/2002/April-2002/an-intercontinental-mix, Accessed January 21, 2021

セメックスのビジネスモデルの**3**要素

戦い方（価値提供）

高度な事業運営アプローチを導入することで、オペレーションを高度化、効率化し、約束通りに商品を届け、信頼を得ています。 $\longrightarrow$ 評判プレーヤー

建設会社や地方自治体の長や地域住民に対して、各々の課題に対する解決策や助言を提供し、多様なセメントおよびコンクリート製品や関連サービスを開発・販売しています。 $\longrightarrow$ ソリューション提供者

商品・サービス

世界各国の個人、機関、地域社会に対し、セメント、骨材、生コンクリート、特殊コンクリートの製品を販売。 $\longrightarrow$ ケイパビリティが希少な商品・サービス

建築・インフラ関連のアドバイスなどのサービスを提供。 $\longrightarrow$ 戦い方（価値提供）が希少な商品・サービス

> 「1990年まで、当社は1つの商品だけを提供していました。セメントです。"セメックス流"で業務効率の向上を徹底したおかげで、当社にはまだ余裕がありました。しかし、セメントのような製品には、顧客が他社からの購入に切り替えられる、という点で弱点があります。これに対して、ソリューションは簡単に取り換えがききません。そこで、当社はソリューションにより近い商品の開発を開始しました」
>
> セメックスの中南米・カリブ諸国プレジデント（当時）　**ジェイムズ・エリゾンド**[43]

ケイパビリティ体系

セメックスは、セメント関連商品という差別化ができにくい商材において、確実性の高いオペレーションと、地域密着型のソリューションを提供するためのケイパビリティを構築することで、新しい価値を提供しています。最近では、地域と社会全体の課題に対するソリューションを提供するという意味で、持続可能な建築資材を開発し、そのためのアドバイスまで提供することで、新しいケイパビリティを構築しています。

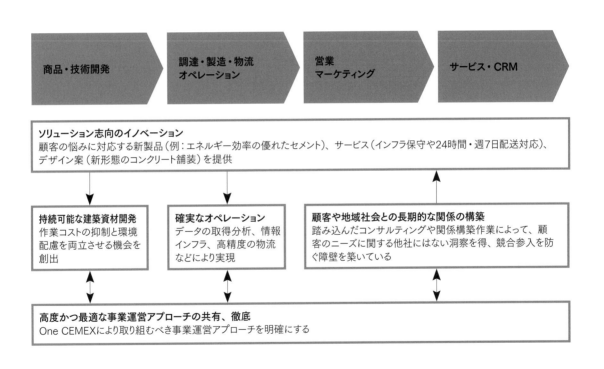

43 | PwC Strategy&、2017年、Strategy& Foresight vol.11 2017 Spring.「CEMEX社の積極的M&Aと『CEMEX流』インテグレーション」https://www.strategyand.pwc.com/jp/ja/publications/periodical/strategyand-foresight-11/sf11-03.pdf、2021年1月19日閲覧

セメックスのビジネスモデル要素の変遷 [44 45 46]

セメックスは、メキシコにおける創業当時からの情報と地域社会へのこだわりを基本にしたビジネスモデルを維持しつつ、買収先を上手に統合し、また、積極的に環境、安全などのテーマに取り組むことで世界的に事業を拡大させてきました。

1906年〜
ビジネスモデルの構築

- 1906年、メキシコにて創業、拠点の買収により成長
- 情報通信網が整っていないメキシコにおいて、独自の衛星通信を整備し業務情報の可視化を進める
- 地域社会との密接な関係によりソリューションを提供

1992年〜
グローバル展開

- メキシコの市場開放と前後して、グローバル大手の進出に備え、自ら積極的な買収をしかけ、世界各国に展開
- 2005年にはセメントだけではなく、生コン市場で大きな世界シェアを獲得
- CEMEX Way（現在のOne CEMEX）の整備などPMIのケイパビリティの獲得

1994年〜
持続可能性への取り組み

- セメックス・エコ・エフィシェンシープログラム（CEP）により大幅なエネルギー、二酸化炭素排出量削減、リサイクル、原料再利用、代替燃料の活用などに取り組む
- 世界各拠点状況把握、推進のためのEHS委員会とモニタリングシステムの導入

1995年〜
デジタル化の推進

- 事業当初からの各種の社内情報の把握と活用
- 顧客を含めたデジタル化の推進

沿革

1906年	メキシコにて創業
1960年代	複数のメキシコ内の拠点を買収し成長
1980年代	衛星通信CEMEXNET、Executive Information System（業務情報可視化システム）導入（現在では通常の電信網）
1992年-	NAFTA（北米自由貿易協定）による影響を勘案して、グローバル化（スペイン語圏での企業買収）と業務効率の徹底的な追求を推進。
	スペイン、パナマ、アメリカ、ベネズエラ、ドミニカ共和国に進出
1993年	香港オフィス開設、社内に情報技術サービスを提供する専門部門を設置し、従業員教育などを進める
1994年	セメックス・エコ・エフィシェンシープログラム（CEP）開始
1995年	セメント販売に情報通信ネットワークを利用し始める
1996-99年	コロンビア、フィリピン、インドネシア、エジプト、コスタリカに展開
1997年	経営トップによる環境・健康・安全（EHS）ステアリングコミッティの設置と、モニタリングツールの導入
2000年	アメリカで買収、CEMEX Wayを導入し全世界に拡大したビジネスに一貫性を保持
2001-02年	タイ、プエルトリコに進出
2003年	全社的な調達最適化
2005年	イギリスのRMCグループを買収し、生コン市場進出、欧州での事業拡大
2007年	Rinker Groupを買収
2008年	世界的な不況の影響により資金繰り確保のために事業を売却するなどの各種施策
2009年	社内ネットワークShift稼働。世界各地で互いのオペレーション情報を見ることができるようになる
2017年	セメックスとの取引管理プラットフォーム、CEMEX Go稼働
2019年	CEMEX Goの全世界への展開完了
2020年	CO_2ネットゼロコンクリート製品の世界展開

44 | Donald R. Lessard and Cate Reavis, 2016. "CEMEX: GLOBALIZATION "THE CEMEX WAY", https://mitsloan.mit.edu/sites/default/files/2021-01/CEMEX.IC_.pdf, Accessed September 14, 2021

45 | 星野妙子，2002年.『発展途上国の企業とグローバリゼーション』「第1章 メキシコ：セメックスの多国籍企業化とセメント産業の世界的再編」日本貿易振興機構アジア経済研究所

46 | 星野妙子，2000年.『ラテンアメリカレポート Vol.17 No.2』「地方企業から多国籍企業へ、メキシコセメックス社の軌跡」日本貿易振興機構アジア経済研究所

変化して生き続けるビジネス
レゴ

レゴは、レゴブロックの製造販売を行う世界最大規模の玩具メーカーです。

(i) レゴのビジネスモデルの概要

ブランドに裏打ちされた「まちがいなくレゴ」で「今まで見たことがない」商品であるブロックセットが選ばれ続けるビジネスモデルを構築しています。

　ある一定の年齢以上の方にとってのレゴは基本的なブロックを使って、家や街、乗り物などを自由に組み立てる玩具でしょう。かつてのレゴの売れ筋は、基本ブロックのセットでした。しかし今、レゴの売れ筋は、映画やゲームなどの世界観の中の一場面を切り取って再現するためのブロックセットです。

　現在のレゴは、高品質で教育的なブロックを活用して、多くの子供たちや大人の愛好家に、共鳴できる世界観をつくり、表現し、拡大させる機会を提供しています。さらに、レゴを使って遊ぶ経験を共有する、子供から大人までの多くのファンが相互にアイデアを共有し、つながるコミュニティを、価値として提供するようになりました。

　レゴは、この価値提供を支えるために、コスト管理や安定的継続的な商品の提案を重要視しています。世界観を表現するためには、たくさんの形、色のレゴブロックが必要になります。無制限に多くのブロックの種類を生産してしまえば、採算が合わなくなります。レゴの各商品には、達成しなくてはならない収益性が決まっていて、その枠の中でないと商品化ができないようになっています。

　また、子供たちだけでなく、小売やビジネスパートナーとの円滑な関係を維持するために安定的に商品を提供し続け、そのためにも、「スイスの鉄道のように規則正しい」[47]製品開発がなされています。

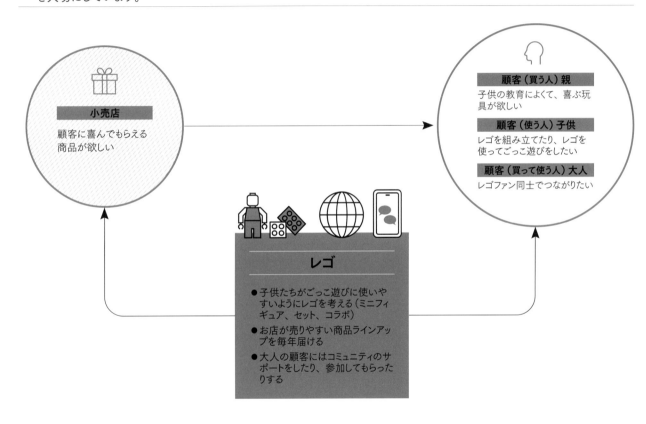

1 特許で守られたレゴブロックで展開するビジネスから、コモディティ化したブロックを長年かけてつくり上げてきたブランドとして差別化するビジネスへ変革を果たしました。

2 レゴブランドを支える品質と世界観を実現するために、イノベーションの促進とコントロール（アクセルとブレーキ）の両方を大切にしています。

小売店
顧客に喜んでもらえる
商品が欲しい

顧客（買う人）親
子供の教育によくて、喜ぶ玩具が欲しい

顧客（使う人）子供
レゴを組み立てたり、レゴを使ってごっこ遊びをしたい

顧客（買って使う人）大人
レゴファン同士でつながりたい

レゴ
● 子供たちがごっこ遊びに使いやすいようにレゴを考える（ミニフィギュア、セット、コラボ）
● お店が売りやすい商品ラインアップを毎年届ける
● 大人の顧客にはコミュニティのサポートをしたり、参加してもらったりする

47｜デビッド・ロバートソン著，ビル・ブリーン著，黒輪篤嗣訳，2014.『レゴはなぜ世界で愛され続けているのか──最高のブランドを支えるイノベーション7つの真理』日本経済新聞出版社

レゴのビジネスモデルの3要素

戦い方（価値提供）

「遊びと学びを通して子供の創造性を開発する」ことに焦点をあて、創造的な遊びの経験を開発提供し続けています。

> イノベーター
> 経験の提供者

コアなファン向けにレゴ社のアセット、レゴの組み立て方などのアイデアへのアクセスを確保し、あらゆる年齢層の熱心なファンを結び付けるオンラインとリアルなコミュニティの発展にも注力しています。

> リソース分配者

商品・サービス

組み立てが好きな子供向けにブロック及びセット商品を提供。

> （創業時）希少な商品・サービス
> （後日）戦い方（価値提供）が希少な商品・サービス

ビデオシリーズ、オンラインコミュニティ、テーマパークなど、レゴをテーマにしたコミュニティ構築サービスも提供。

> 希少な顧客に寄り添う
> 商品・サービス

「レブロックはレゴから、アイデアはきみから」
(1992年のレゴのカタログより[48])

ケイパビリティ体系

レゴのケイパビリティは、イノベーション、すなわち新しいものの意欲的な提供と、レゴのブランドと事業の収益性の確保、それぞれを強化しつつ、バランスをとることに着目して構築されています。

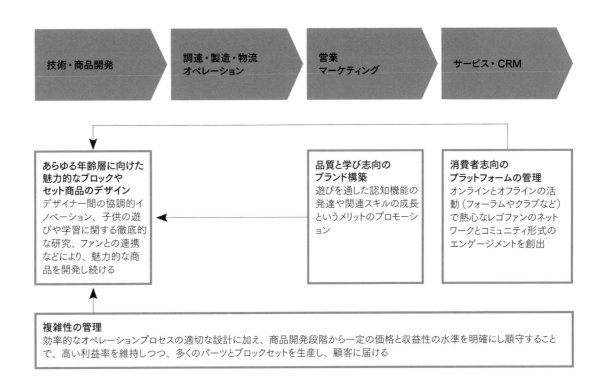

技術・商品開発

調達・製造・物流オペレーション

営業マーケティング

サービス・CRM

あらゆる年齢層に向けた魅力的なブロックやセット商品のデザイン
デザイナー間の協調的イノベーション、子供の遊びや学習に関する徹底的な研究、ファンとの連携などにより、魅力的な商品を開発し続ける

品質と学び志向のブランド構築
遊びを通した認知機能の発達や関連スキルの成長というメリットのプロモーション

消費者志向のプラットフォームの管理
オンラインとオフラインの活動（フォーラムやクラブなど）で熱心なレゴファンのネットワークとコミュニティ形式のエンゲージメントを創出

複雑性の管理
効率的なオペレーションプロセスの適切な設計に加え、商品開発段階から一定の価格と収益性の水準を明確にし順守することで、高い利益率を維持しつつ、多くのパーツとブロックセットを生産し、顧客に届ける

---

48 │ デビッド・ロバートソン著，ビル・ブリーン著，黒輪篤嗣訳，2014.『レゴはなぜ世界で愛され続けているのか—最高のブランドを支えるイノベーション7つの真理』日本経済新聞出版社

レゴのビジネスモデル要素の変遷

レゴは1916年創立と、長い歴史を持っています。レゴブロックを開発したレゴ社は、時代の変化によって、革新的であった商品が陳腐化し魅力を失うという経験をします。さらに、その状況を打開しようとイノベーションを必死に進め、それが故に収益性を確保できなくなり破たんの危機に瀕するという経験もします。その後、ビジネスモデルとイノベーションのバランスを確保し、安定したビジネスを運営することができるようになりました。

1916年～
ビジネスモデルの構築

- 互換性と拡張性のあるプラスチックのブロックシステムを開発
- 肯定的な小売の協力を得て、毎年売上を倍増させ、速いスピードでヨーロッパに拡大
- 連結技術（クラッチ・パワー）の特許出願
- ミニフィグも開発し、レゴブロックによるロールプレイングを可能に
- 品質のよい、自由な発想で組み立てる楽しさを提供する玩具を、小売と連携して提供するビジネスモデルで成功をおさめる

1980年～
ビジネスモデルの
変革に向けた試行錯誤

- 各国でレゴの基本特許が切れ、競争激化。レゴの売上とシェア下落
- イノベーション文化に向けた変革を推進：人材獲得、テレビシリーズの取り組み、直営店とテーマパークの積極的な開設、デジタル化とオープンイノベーションの推進、など
- スターウォーズシリーズなどのヒット作を生む
- 2004年初頭時点でレゴセットの94％が赤字、サプライヤーは1万1000社を上回り、設備稼働率は70％に留まる

2004年～
ケイパビリティの構築・
ビジネスモデルの完成

- 創業者の理念「子供たちには最高のものを」をもとに新しい価値観として、「最大ではなく最高を目指す」と定めて改革に着手
- 製品30％削減、人員削減、店舗網縮小、テーマパークとテレビゲーム事業を売却など
- 製品開発の絶対的な収益管理基準を導入、イノベーション・マトリクス開発
- 「（従来はレゴを玩具メーカーと比較してきた監査法人も、）最近はアップルやナイキと比較するようになってきた」（2010年、レゴCEOクヌッドストープ（当時）[49]）

沿革

1916年	デンマークにてオーレ・キアク・クリスチャンセンが家具を制作する木工所を創業
1934年	社名をLEGOとする。デンマーク語で「よく遊べ」を意味する"Leg Godt"からオーレ・キアクが考えた造語。LEGOにはラテン語で「組み立てる」の意味がある
1949年	プラスチックのブロックを発売開始
1958年	はめ合わせるとカチリと連結され、力を加えると離れる連結技術（クラッチ・パワー）の特許出願
1960年	倉庫火事により木製玩具の生産中止を決定。レゴブロックに集中
1968年	ビルンにてレゴランド開業
1969年	1歳半以上の子供向けの新システム、デュプロの販売開始
1978年	「ミニフィグ」（小さいフィギュア）登場
1980年	レゴブロックが教育現場で活用されているのに応え、教育製品部門設立
1988年	第1回レゴ・ワールドカップ・ビルディング・コンテスト開催
1980年代後半以降	各国でレゴの基本特許が切れ、競争激化
1990年代後半以降	レゴの売上とシェア下落
1998年	多角化を推進し、マインドストーム、スターウォーズとの連動シリーズなどのヒットも生むも、業績は安定せずに経営危機が拡大。赤字転落
2004年	ヨアン・ヴィー・クヌッドストープがCEOに就任。事業の整理を進める
2006年	レゴファン参加で開発したマインドストームNXTが大きな反響を呼ぶ。製品の企画・開発時の可視化ツール「イノベーション・マトリクス」を導入
2012年	女の子を想定したレゴフレンズ発売
2014年	玩具世界一。2016年に売上額は約380億クローネ、従業員数は18200人となっており、売上額は10年前の約5倍、従業員数は4倍強と成長
2018年	サステナブルな素材を使ったレゴパーツの生産開始

---

49 | デビッド・ロバートソン著，ビル・ブリーン著，黒輪篤嗣訳，2014.『レゴはなぜ世界で愛され続けているのか――最高のブランドを支えるイノベーション7つの真理』日本経済新聞出版社

事例一覧

新しいものをつくり上げたビジネス

企業名	業種	設立の国	設立年	ビジネスモデルの概要	
CASE1 アップル	機器とデジタルサービスの開発、製造、販売	アメリカ	1976年	まだ見ぬ未来を実現させる商品、サービスを通じて世界中の人に新鮮な驚きと熱狂を与え、強い支持を得て勝ち続ける、ビジネスモデルを構築しています。アップルは、新しいテクノロジーを活用した未来の生活を、妥協のない追求により実現させ、その中で中心的な位置を占めるために、持てる力を集中させています。	
CASE2 アマゾン	インターネット通販	アメリカ	1995年	インターネットにおける買い物の姿を常に先行して定義して支持を受け、これによる資金を投下して、さらに新しい魅力的な顧客体験を実現する事業のイノベーションサイクルを高回転させて、同業他社より早く規模と質を向上させることで勝ち続ける。これがアマゾン（小売業）のビジネスモデルです。	

戦い方（価値提供）	商品・サービス	ケイパビリティ体系	ポイント
ミニマムで美しさと使いやすさを実現するデザインにこだわった機器やサービスを率先して開発・提供し、新しいライフスタイルを提示しています。また、各種のデジタル製品が連携して単一のデジタルシステムを構成する、デジタルサービスのプラットフォームを提供しています。	● モバイル通信・メディア機器、パソコン、ポータブルデジタル音楽プレーヤーなどを設計、製造、販売 ● 多くのソフトウェアやオンラインサービス、周辺機器、ネットワークソリューション、サードパーティのデジタルコンテンツやアプリケーションを販売	● **消費者インサイト**：将来の消費者ニーズを描く能力 ● **直観的な使いやすいデザインの開発**：顧客とのすべての接点におけるデザイン中心を一貫して維持 ● **商品、サービスの画期的なイノベーション**：技術と社会の進展に伴い、新たな価値観を提示し、自身のケイパビリティも進化させ続ける能力 ● **技術統合**：社内外の優れた技術をシームレスに組み合わせ、デザインを実現する能力	● カテゴリーや技術以上に、デザインと使い方の提案にこだわることで、独自性を確立し、熱狂的ともいえる、より大きな支持を得ています。 ● 自社の技術でできることを実現するのではなく、やりたいことに合わせて社内外の技術を調達して実現する、そのための仕組みを構築することで、優れたデザインと使い方の提案を可能にしています。
どんなものでも、リーズナブルな価格でストレスなく買える場を提供しています。	郵便や宅配便などの手段で出荷できるあらゆる物品の他、電子書籍や、クラウドサービスで提供するパソコンのソフトウェア、ダウンロードやストリーミングに対応するコンテンツなどを、自社の小売店舗で販売	● **迅速かつ効果的なオンライン・マーチャンダイジング**：エブリシングストアとして魅力的な商品を徹底して見つけ、それらをウェブサイト内の最も適切な場所で特集する能力 ● **小売インターフェイスのデザイン能力**：操作性や機能開発（レコメン、検索や比較）による買いやすい店づくり ● **多様な商品を扱うオペレーション能力**：技術、システム開発で大量多種の在庫を多数のパートナーと取り扱う ● **データを活用したリレーション管理**：顧客別のレコメンデーション（その顧客が親近感を持ちそうなほかの商品をお勧め）、ページのパーソナライゼーション（顧客に合わせたページの表示）など ● **高度な技術イノベーション**：ワンクリックの即時注文システム、キンドルの電子書籍、クラウドコンピューティングサービスなど	● 自社サイトで提供する体験をアップデートし続け、インターネット上のすべての取引において消費者が期待する経験の基準をつくり続けています。 ● 施設やシステムなどへの投資を大々的かつ迅速に行うことで、同業他社との差別化を実現しています。

事例一覧

ありそうでなかったものを実現したビジネス

企業名	業種	設立の国	設立年	ビジネスモデルの概要	
CASE3 インディテックス	アパレル	スペイン	1963年	インディテックスは、品揃えなどの判断のタイミングを戦略的に配置し、情報とモノの流れを速めることで、お手頃価格、トレンド、おしゃれという3つの条件を揃えたファッションを、主に働く女性向けに提供しています。	
CASE4 スターバックス	飲食	アメリカ	1983年	スターバックスは、集中出店した直営店のスタッフを中心に、高品質のコーヒーを飲みながら落ち着ける「サードプレイス」としてのブランドを構築して、顧客の支持を受けるビジネスモデルを構築しています。	

戦い方（価値提供）	商品・サービス	ケイパビリティ体系	ポイント
ビジネスモデルとケイパビリティのイノベーションにより、流行のファッションを時期の差や、トレンドを外すことなく、リーズナブルな価格で提供しています。近年は、環境への取り組みにより尊敬できるアパレルメーカーとしてのポジションも確立しています。	レディース、メンズ、キッズ向けのアパレル商品や、家庭用ファッション小物を販売	● **深い顧客インサイト**：トレンドセッターやファッションショー、自社商品への市場の反応から、ターゲット顧客層にアピールするトレンドを把握 ● **最新の流行に敏感なデザインの商品**：顧客インサイトを素早く解釈し、製造可能性も考慮してデザインに反映 ● **機敏に反応する製造とオペレーション**：高速でシームレスな統合ロジスティクスシステムと、生産フェーズの巧みな設計（例：染色フェーズをプロセスの後半に配置）による柔軟性の確保 ● **世界規模の一貫したブランディング**：ターゲット顧客、品揃え、店舗の立地、マーチャンダイジング、要員配置、アフターサービスなどにおいて、一貫して一定の経験を提供するべく、プロセス、インフラを確立	● 流行のファッションを的確に、お手頃な価格で、世界中のファッション感度の高い女性に届けるためのビジネスの仕組みをつくり上げました。 ● ビジネスモデルを実現するために、迅速な情報の流れを確保するためのシステムへの投資を行うのみならず、商品などのモノの流れのスピードも確保するために各拠点の配置と、物流網の整備までも行っています。
家庭と職場に続く、「サードプレイス」をつくり出し提供し続け、自社にとっての市場があると思われる地域に集中的に出店し、その地域において大きな存在感、規模を獲得することで、地域ごとに強いブランドを構築しています。	小売店の運営、コーヒー・紅茶と関連するフードやドリンクを多様な形態で販売	● **「サードプレイス」の経験の提供**：すべての要素を細かい部分まで整理調整し、美味しいコーヒーを飲むことができる「サードプレイス」であり続けるというブランドの約束を実現 ● **商品と店舗による経験の開発**：トップダウン、社内外すべてのリソースを活用 ● **直営店の集中出店によるビジネスの効率的な運営と、店舗サービスの質の確保** ● **献身的な従業員集団の採用と維持**：店舗での経験の提供のためにさまざまな手段を用いて忠誠心を育てている	● 「サードプレイス」という場の価値をビジネスに組み込むことで、従来のコーヒーチェーンとは異なるポジションを確立しました。 ● 直営店を中心とし、一定の地域に集中的に店舗を置くことで場の提供する価値を実現しています。

事例一覧

困りごとを解決したビジネス

企業名	業種	設立の国	設立年	ビジネスモデルの概要	
CASE5 ナチュラ	化粧品	ブラジル	1969年	「Bem estar Bem（ベム・エスタル・ベム：個々人が快適で調和のとれた心身状態にあること、人々が互いに喜びにあふれた関係にあること）」というスローガンを軸に、自然派の商品を通じて、健康、人間関係、自然とのつながりを大切にし、肌を機能的に美しくするのみならず、心と身体のより本質的な美しさを提供することを目指しています。	
CASE6 セメックス	建築資材	メキシコ	1906年	世界各地のセメント、生コン等の商品と建設関連サービスについて、各地域の顧客と深い関係を築き、先端的な事業運営を適用することで、優位に運営し続けるビジネスモデルを構築しています。	

戦い方（価値提供）	商品・サービス	ケイパビリティ体系	ポイント
コンサルタントとの人間関係などから得られる経験を提供しつつ、事業全般の運営方法から得られる評判を前提にして、健康、人間関係、自然とのつながりを促進する商品を販売しています。	中南米を中心に、アマゾンの自然に根差して生活や人のつながりを重要視した、パーソナルケア商品を開発、製造、販売	● **ダイレクトセールスチャネル**：優秀な営業員（ブラジルで150万人のコンサルタント網）による独自の強力な販売モデルを維持 ● **オペレーション能力**：毎年100種類以上の商品を開発、製造、輸送、販売する中で、顧客の期待を損なわない品質とスピード感で、複雑なオペレーションを運営 ● **クリエイティブな調達**：サプライヤーのネットワークを構築維持し、熱帯雨林の生産物の独自の入手ルートを構築 ● **持続可能性に関連付けたマネジメント**：地球環境に対する責任をオペレーションの重要な一部とし、すべての活動でこの理念を表現	● 創業当時から、ビジネスの成功と、地域社会・自然環境への貢献を両立させることを目指して運営しています。 ● 顧客とコンサルタントとの信頼関係を維持するために、商品開発、サプライチェーン、物流などの事業プロセスを一貫して整備しています。
高度な事業運営アプローチを導入することでオペレーションを高度化、効率化しています。建設会社や地方自治体の長に対して、多様なセメントおよびコンクリート製品を販売し、商品の効果的な使用法のアドバイスを提供することによって、ソリューションを提供しています。	● 世界各国の個人、機関、地域社会に対し、セメント、骨材、生コンクリート、特殊コンクリート製品を販売 ● 建築・インフラ関連のアドバイスなどのサービス提供	● **ソリューション志向のイノベーション**：顧客の悩みに対応する新製品（例：エネルギー効率の優れたセメント）、サービス（インフラ保守や24時間・週7日配送対応）、デザイン案（新形態のコンクリート舗装）を提供 ● **確実なオペレーション**：データの取得分析、情報インフラ、高精度の物流などにより実現 ● **顧客や地域社会との長期的な関係の構築**：踏み込んだコンサルティングや関係構築作業によって、顧客のニーズに関する他社にはない洞察を得、競合参入を防ぐ障壁を築いている ● **持続可能な建築資材開発**：作業コストの抑制と環境配慮を両立させる機会を創出 ● **高度かつ最適な事業運営アプローチの共有、徹底**：One CEMEXにより取り組むべき事業運営アプローチを明確にする	● 自国に大きな市場を持つ企業でないにもかかわらず、先端的な事業運営手法を積極的に取り入れ、事業とM&Aを成功させることでグローバル大手に躍進しています。 ● コモディティ商品を扱いながらも、顧客の課題を理解し解決策を提供することで、顧客との深い関係を構築し、差別化されたポジションを構築しています。

変化して生き続けるビジネス

企業名	業種	設立の国	設立年	ビジネスモデルの概要	
CASE7 レゴ	玩具	デンマーク	1916年	ブランドに裏打ちされた「まちがいなくレゴ」で「今まで見たことがない」商品であるブロックセットが選ばれ続けるビジネスモデルを構築しています。	

戦い方（価値提供）	商品・サービス	ケイパビリティ体系	ポイント
「遊びと学びを通して子供の創造性を開発する」ことに焦点をあて、創造的な遊びの経験を提供し続けています。また、コアなファン向けにはレゴ社のアセット、レゴの組み立て方などのアイデアへのアクセスを確保し、あらゆる年齢層の熱心なファンを結び付けるオンラインとリアルなコミュニティの発展にも注力しています。	●組み立てが好きな子供向けにブロック及びセット商品を提供 ●ビデオシリーズ、オンラインコミュニティ、テーマパークなど、レゴをテーマにしたコミュニティ構築サービスも提供	●**あらゆる年齢層に向けた魅力的なブロックやセット商品のデザイン**：デザイナー間の協調的イノベーション、子供の遊びや学習に関する徹底的な研究、ファンとの連携などにより、魅力的な商品を開発し続ける ●**品質と学び志向のブランド構築**：遊びを通した認知機能の発達や関連スキルの成長というメリットのプロモーション ●**消費者志向のプラットフォームの管理**：オンラインとオフラインの活動（フォーラムやクラブなど）で熱心なレゴファンのネットワークとコミュニティ形式のエンゲージメントを創出 ●**複雑性の管理**：効率的なオペレーションプロセスの適切な設計に加え、商品開発段階から一定の価格と収益性の水準を明確にし順守することで、高い利益率を維持しつつ、多くのパーツとブロックセットを生産し、顧客に届ける	●特許で守られたレゴブロックで展開するビジネスから、コモディティ化したブロックを長年かけてつくり上げてきたブランドとして差別化するビジネスへ変革を果たしました。 ●レゴブランドを支える品質と世界観を実現するために、イノベーションの促進とコントロール（アクセルとブレーキ）の両方を大切にしています。

Part 2

理論編

利益を生み出す
ビジネスモデルの成り立ち

ビジネスモデルを3つの要素に分解して考える

　ここまで7社の具体的なビジネスモデルを見てきました。ご紹介した7社のような事例を見ると発想が広がります。ただ、いざ自分のビジネスに照らして考えると状況が違ったり、考えを進めるのが難しいこともあるでしょう。同時に、他社事例を後追いしているだけでは永久に自社の独自のモデルを構築できないという限界もあります。

　ここからは、ビジネスモデルの構造についての考え方をお伝えします。構造を知れば、構築の手順を知ることができます。必要な要素や注意するべき点を把握しておけば、見たことのない、他に事例のないビジネスモデルであったとしても成功する可能性が高くなります。

　ビジネスモデルは本来極めて複雑なもので、無数のパターンがあります。ここでは、理解が進みやすいように、ビジネスモデルを要素分解して、各要素の主要なアプローチを例として示しました。このようにすると、一定の論理の流れに従ってビジネスモデルを考えることができます。

　哲学者のデカルトは、複雑な問題を考えるときには、問題を「できるだけ多くの、しかも問題をよりよく解くために必要なだけの小部分に分割すること」と言っています[50]。とても複雑で繊細なものをつくるときに、一度にすべてを考えたりつくったりすることはとても難しいものですが、少し小さく分解すれば扱いやすくなります。

　ビジネスモデルをシンプルに分解する場合、大事な構成要素は、

1　事業を通じて提供する価値（戦い方（価値提供））
2　価値提供を具現化させるためのケイパビリティ
3　価値提供を具現化するケイパビリティにより提供し得る商品・サービス

の3つです。

　この3つの要素が互いに矛盾なく一貫性を持ってかみ合うとき、大きな価値をもたらすビジネスモデルが実現されます。

　3つの要素が相互に矛盾しないようにひとつのストーリーを伝えるようになっていることが重要なのです。

---

50 | René Descartes, 1967. Discours de la méthode.（デカルト著，谷川多佳子訳，1997.『方法序説』岩波書店）

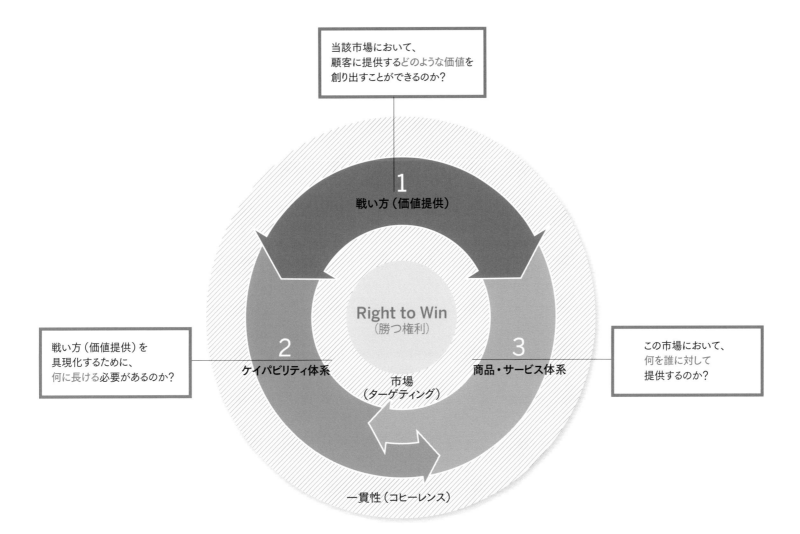

当該市場において、
顧客に提供するどのような価値を
創り出すことができるのか?

1
戦い方（価値提供）

Right to Win
（勝つ権利）

戦い方（価値提供）を
具現化するために、
何に長ける必要があるのか?

2
ケイパビリティ体系

市場
（ターゲティング）

3
商品・サービス体系

この市場において、
何を誰に対して
提供するのか?

一貫性（コヒーレンス）

1 戦い方（価値提供）を真面目に考える

　ビジネスにおいては、価値のないもので利益を生み出すことはできません。あたり前のことのように思えますが、忘れられがちなことです。

　提供される機会に対して求められる機会の多い方が希少性が高く、価値が大きくなります。他の誰とも違うという差別化があるほど、他社との競争に巻き込まれる可能性が低くなり、さらに価値が大きく感じられます。

　戦い方（価値提供）ではわかりにくい場合には、その商品やサービスが解決しようとする顧客の困りごとと考えてみましょう。

　たとえば、ある企業が、最新テクノロジーを使ったファミリー向けマンションを建築・販売しようとしているとしましょう。マンションに「ハイテク」や未来を感じさせることによって価値を高め、買ってもらおうというアプローチです。

　第1案は、エントランスホールに置いたロボットに天気予報を伝えさせるというもの。第2案は、マンションから小学校までの通学路にセンサーやカメラを設置し、不審者を自動で分析して子供の安全を見守るというものです。

　いずれも、ディベロッパーの資産であるマンションとテクノロジーの双方を使っていますが、戦い方（価値提供）はどうでしょうか。

　第1案は、少し変わったマンションに住めてうれしい程度。天気やニュースは自宅やスマートフォンで確認できるため、ロボットが追加で価値を提供するのは難しいでしょう。

　第2案は、子供の小学校就学に合わせたマンション購入が多いことを考えると、子供の安全という購入者の最も関心の高い大きな価値を、住むという価値に合わせて提供しています。

　同じ商品コンセプトから始めても、戦い方（価値提供）が明確で大きな第2案の方がよい結果につながりそうです。

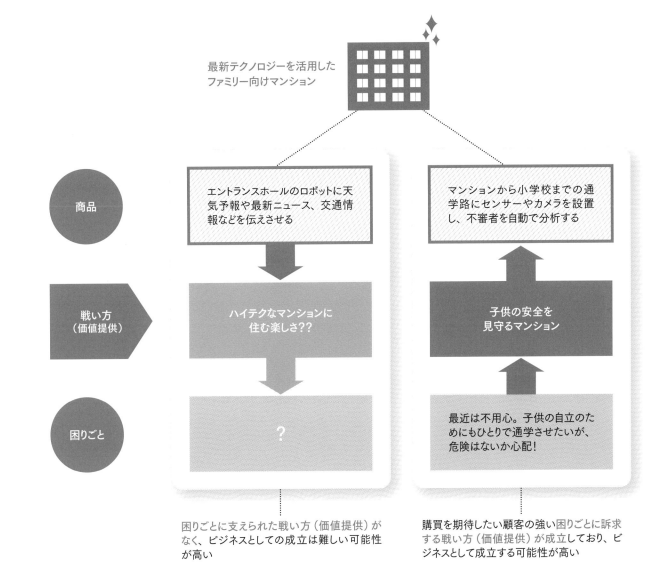

最新テクノロジーを活用した
ファミリー向けマンション

商品

エントランスホールのロボットに天気予報や最新ニュース、交通情報などを伝えさせる

マンションから小学校までの通学路にセンサーやカメラを設置し、不審者を自動で分析する

戦い方（価値提供）

ハイテクなマンションに
住む楽しさ??

子供の安全を
見守るマンション

困りごと

?

最近は不用心。子供の自立のためにもひとりで通学させたいが、危険はないか心配!

困りごとに支えられた戦い方（価値提供）がなく、ビジネスとしての成立は難しい可能性が高い

購買を期待したい顧客の強い困りごとに訴求する戦い方（価値提供）が成立しており、ビジネスとして成立する可能性が高い

2 | 決めた価値を支える重要なケイパビリティ体系を考える

ビジネスモデルを実際に実現させるためには、ビジネスを成功に導く組織能力（ケイパビリティ体系）を明確にする必要があります。

ケイパビリティとは、何かを実現する際の組織的な能力を指します。

特定の機能の枠を超えた能力で、プロセス、ツール、スキルや行動様式、さらには組織体制により構成されます。ビジネスは多くのケイパビリティにより成立しますが、その中でも、特定の分野において競合よりも優位であることを可能にする体系が、重要なケイパビリティ体系となります。

コーヒーの販売事業のケイパビリティの例

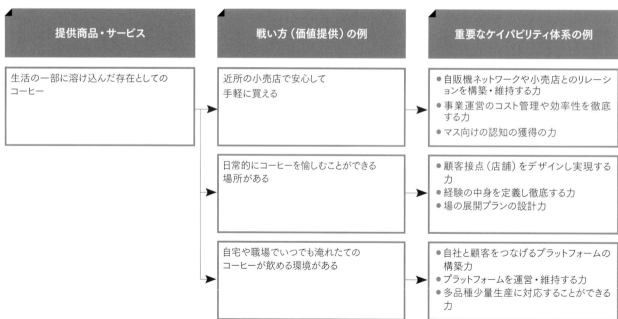

提供商品・サービス	戦い方（価値提供）の例	重要なケイパビリティ体系の例
生活の一部に溶け込んだ存在としてのコーヒー	近所の小売店で安心して手軽に買える	●自販機ネットワークや小売店とのリレーションを構築・維持する力 ●事業運営のコスト管理や効率性を徹底する力 ●マス向けの認知の獲得の力
	日常的にコーヒーを愉しむことができる場所がある	●顧客接点（店舗）をデザインし実現する力 ●経験の中身を定義し徹底する力 ●場の展開プランの設計力
	自宅や職場でいつでも淹れたてのコーヒーが飲める環境がある	●自社と顧客をつなげるプラットフォームの構築力 ●プラットフォームを運営・維持する力 ●多品種少量生産に対応することができる力

　たとえば、小売店舗での棚を確保するというケイパビリティ体系は、市場の動向に敏感な商品の企画・開発・発信、柔軟性とスピード感ある生産・物流、小売との信頼関係など、機能横断的に複数のケイパビリティが組み合わされることによって成立しています。

　顧客データの分析に基づく新商品開発、早いペースで変化する顧客ニーズに合わせた商品・サービスの組み合わせ、などもケイパビリティ体系となり得ます。戦い方（価値提供）と、ビジネスの運営主体によって、重要となってくるケイパビリティ体系は異なってきます。

　ビジネスモデルというのは、戦い方（価値提供）、ケイパビリティ、商品・サービスの３つの構成要素が互いに関係し合いながら、その在り方を変化させることによって、それ自身も変わっていく、たいへん繊細なものであることがおわかりいただけると思います。

　ビジネスモデルは画一的な部品を組み合わせることで構築されるものではありません。むしろ、同じようなものを作ろうとしても、作り手の技量、コンセプト、枝の自然の状態などによって、できあがる作品が異なってくる、自然の樹木の枝を活用した創作木工のようなものなのです。

3 | 商品・サービスと組み合わせ、一貫性のあるビジネスモデルを組み立てる

　戦い方（価値提供）と重要なケイパビリティ体系が明確になったら、商品・サービスと組み合わせて、ビジネスモデルの全体が論理的に矛盾なく説明できるかを確認します。

　全体を通して一貫性のある、矛盾のない、聞いた人が面白い話だと感じてくれるストーリーが成立するかを考えます。

　一貫性のある矛盾のないストーリーをつくるのは、簡単なようで難しいことです。多くの場合、一見必要に思える無駄なことに、あまりにも多くの時間と資金と労力が使われ、重要なケイパビリティの構築ができなくなったり、おざなりになったりしてしまうのです。

　特に新しい商品・サービスを提供し始めるときに、一貫性が崩れやすくなります。

　既存のビジネスの成長の鈍化などに伴い、新しい成長の源泉を確保するため、新しい商品・サービスを展開しようとする際に、新しい商品・サービスを通じて提供される価値の定義や、新たに獲得するべきケイパビリティの特定と投資が十分に行われないことで、ビジネスモデルの一貫性が崩れてしまうのです。

　たとえば、スターバックス元CEOのハワード・シュルツは、一時期、スターバックスで提供していた朝食のホットメニューを撤去しました。コーヒーの香りというコーヒーショップの重要な感覚的要素をパンやチーズの焼けるにおいが邪魔するからです。

　チーズトーストなどの朝食メニューという商品は、スターバックスの、美味しいコーヒーが飲める「サードプレイス」という戦い方（価値提供）に矛盾をもたらすもの、というわけです。

　コーヒーの香りをスターバックスの店舗の大切な要素とすると、においのないメニューを開発するか、あるいは、メニューのにおいが気にならなくなるような店舗側のインフラを整備すれば、朝食メニューも提供できるようになるかもしれません。当時は、商品開発のスキルも店舗側のケイパビリティもなく、商品、戦い方（価値提供）、ケイパビリティの一貫性が崩れる結果となりました。

　なお、のちにスターバックスは、よりヘルシーな朝食のラインアップを考案して再び朝食の提供を始めています。

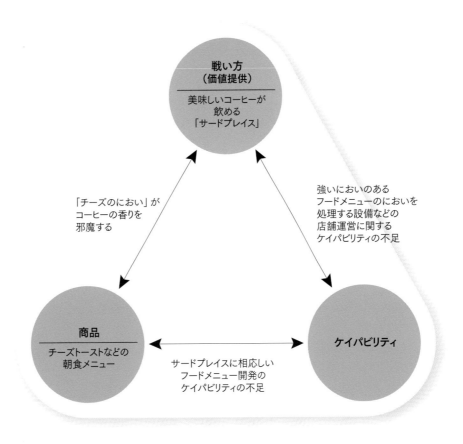

戦い方（価値提供）

どのような価値を提供するのか？

戦い方（価値提供）とは何か

　知の巨人、マネジメントの父と呼ばれるピーター・ドラッカーは、企業の将来や成功にとっては、自社が作ったり売ったりしていると考えているものではなく、「顧客が買っていると考えるもの、価値と考えているものが重要である」[51]と言います。

　戦い方（価値提供）とは、英語では、Value Proposition（バリュー・プロポジション）です。Valueとは価値のこと、Propositionとは提案を意味します。

　ここで注意すべきは、**商品やサービスを通して提供される価値であって、商品やサービスそのものではない**ことです。たとえば、フライパンを買う場合、その人が買っているのはフライパンではなく、フライパンを使った料理ができるようになる環境です。電球を買う場合は、家を明るくすることです。家族でレストランに行く場合には、食事自体ではなく、家族で過ごす時間でしょう。

　すべてのビジネスは、誰かに何らかの価値を提案し提供しています。逆に、対価を獲得できるほどに顧客に受け入れられる価値を提供していない事業は存続することができません。その価値が大きく、強いほど、ビジネスが強くなります。

　ビジネスをするときに、ともすれば、自社に何ができるか、から出発し、それだけを考えてしまいがちです。社内やその人の中で、自社（自分）にできることと、顧客が求めるもののバランスがとれている場合はよいのですが、多くの場合には、自社（自分）のやりたいことだけを考え、独りよがりの成功しないビジネスになってしまいがちです。プロダクトアウトと呼ばれているものはこれにあたります。

　ビジネスで成功するためには、常に、今、考えている事業の戦い方（価値提供）を意識することが重要です。

「顧客はなぜ（他社の商品・サービスではなく）自社の商品・サービスに対価を支払ってくれるのか」

という問いに対する答えがあること。これが難しい場合は、消費者、顧客の立場に立って、「私は、〇〇なので、この商品・サービスにお金を払う」あるいは「この顧客の困りごとは何だろう」と考えてみることです。

　たとえば、高級電気自動車のテスラはビーガンレザーと呼ばれる革に似た素材、いわゆる合皮を使っています。

　テスラを購入する顧客は、品質のよいものを求め、さらに、環境や動物愛護、人権に対する意識が通常より高いことが想定されます。一般の高級自動車ではなく、電気自動車をあえて選ぶのはこのためです。一方で、高級自動車全般に共通して、乗

51｜P・F・ドラッカー著，2006.『現代の経営』ダイヤモンド社

り心地や機能に加えて、内装の完成度が求められます。多くの場合、内装には革が使われますが、テスラについて言えば、動物の皮を多く使う内装には抵抗がある、という顧客が多くいるはずです。そのような顧客のために、内装に適した合皮にまでこだわった車を提供したのです。顧客に対するテスラの価値が、運転を愉しむことと、地球全体に最大限優しくあることを両立させてくれる車である、ということを明確に意識しているからこそできる選択です。

　戦い方（価値提供）を明確にすることがいかにビジネスにとって重要か、日本マクドナルド社の事例で見てみましょう。

　2014年、SNS上での日本マクドナルド社の商品に対する異物混入の指摘が相次ぎました。家族全員で楽しむことができる、常に美味しくて品質のよい手軽な食事を提供するはずだったマクドナルドだけに、大きな打撃を受けました。

　しかし、その2年後には同社の業績は早くも回復しています。さまざまな要因のうち、最も重要で印象に残る取り組みは、日本マクドナルドが品質問題などへの直接的な対応を行うのみならず、自社が支持されてきた本質的な戦い方（価値提供）を明確に自己認識した上で、その本質を強めて再発信したことです。

　まず、同社は2016年以降、ハンバーガーの「がっつり感」を強めた商品を出し始めました。同社の足立光マーケティング本部長（当時）は、「ヘルシーだから食べたいという真面目な動機よりは、カロリーはあっても美味しいから食べたいという、楽しいワクワク感のある動機の方がマクドナルドらしい。そう考えて積極的なヘルシー訴求は止めた」と語ります。

　また、従来から大事にしてきた、「Fun Place to Go」を店舗の外でも具現化するべく、名前募集や総選挙など、消費者が参加し、楽しみながら認知を高められるアプローチに切り替えました。その過程で、同社はマス広告だけではなく、世間の声としてメディアを、ファンの声としてSNSを、それぞれ最大活用し、媒体費に占めるデジタル支出は2013年の2％から、20％まで拡大しました。

　日本マクドナルドは、これらの訴求を裏付けるための地道な取り組みを各種マーケティング施策の前に行っています。美味しさを裏付けるメニュー開発については既述の通りですが、他にも、店舗の改装を進め、ハンバーガーの調理ではオーダーが入ってから作り始めるシステム「メイド・フォー・ユー」の構築、従業員、店舗スタッフ、フランチャイジーが日本マクドナルドで働く理由を見つめ直し、一体感を高めるためのイベントや仕掛けなどにより、ボトムアップのものを含め、大きな効果をあげました。

　ビジネスの成功は、自社の戦い方（価値提供）を明確に意識し、戦い方（価値提供）との一貫性のあるケイパビリティを構築することから生まれます。

戦い方（価値提供）の決め方

　戦い方、提供する価値はどのように選ぶべきなのでしょうか。あるいは、すでに戦い方、提供したい価値が決まっている場合、その選択が正しいのかを、どのように確認できるのでしょうか。

　よい戦い方（価値提供）とは、以下の条件を満たすような価値です。

- 提供しようとする価値を認めてくれそうな市場がある
- 長期的に意味を持ち続け得る
- 自社と同等の水準や完成度でその価値を提供できる企業が他に存在しない
- 利益の上がる方法で提供できる
- 自社の強みに裏打ちされている、または、適切な投資と注力によって、必要となるケイパビリティを構築することができる

　戦い方（価値提供）は、価値を認めてくれる市場があり、誰かに価値として認められることが出発点です。価値を認める人がたくさんいる必要は必ずしもありませんが、人数が少ないのであれば希少で価値が大きいほうがよいでしょう。また、価値は長期的に意味を持ち続けなければ事業の継続性が確保できません。

　その価値は他社の提供している価値とは明らかに違うものであること、そして自社は、その強みや予定している取り組みによって価値を提供し続けるためのケイパビリティを構築し、利益を上げていく必要があります。

　ともすれば、皆が流行りのビジネスに一斉に参入することはよくあります。そして、しばらくすると、ほとんどのプレーヤーは事業をたたんでいる——多くの場合はそのような顛末を迎えます。差別化されていない価値が乱立したため、淘汰されていったのです。

　さらに、よくあるのは、価値があり、自社が差別化できているものの、利益のある形で価値を提供することができていないケースです。多くの活動を行う事業主体であるほど、利益を生まない、価値を提供していない取り組みを、意識しないままに続けてしまうことがあり、注意が必要です。

　意味のある差別化された価値を、利益を生む方法で提供するためには、価値を提供するための能力（ケイパビリティ）が組織になくてはなりません。紙の上では素晴らしいプランがあるのに、そのプランが実現しないのは、多くの場合、ケイパビリティ構築が十分になされていないからです。

　たとえば、インターネット通販に関しては、多くの意欲的な起業がありましたが、その多くは2001年のネットバブルの崩壊その他のタイミングで退出していきました。
　数少ない生き残りのアマゾンは早くから戦い方（価値提供）、構築するケイパビリティ、商品・サービスを意識的に選択しています。創業当初から、価格、品揃え、体験といった価値が、成長を生む連鎖を想定していたと言われます。
　取り扱い商品は、この型に当てはまるものは何かという視点で検討し、徐々に幅を広げていっています。当初は、買い物の体験を向上させるための組織能力を構築するための徹底的な投資を、その後は、商品の受け取りまでの経験全体の向上に取り組んでいます。これにより、アマゾンはインターネット通販、さらには、小売全般において世界レベルで圧倒的な存在感を示すようになったのです。

　ケイパビリティについては、次章で見ていきますが、戦い方（価値提供）とケイパビリティは密接不可分につながっているのです。

誰に対する価値なのかを考えよう──買う人と使う人が違う？

　戦い方（価値提供）を考える際に、誰が価値を感じてくれるのかは、忘れられがちな重要論点です。多くの場合、人は商品・サービスに価値を感じて、その価値を自分で享受するために、対価を支払います。しかし、場合によっては、買うかどうかを決める人と、使う人がずれることがあります。

　買う人と使う人がずれる現象は、ギフトや、親が子供のために買うもの、介護者が被介護者のために買うものなどで見られます。

　たとえば、子供たちが遊ぶための玩具は、親や周囲の大人が子供の喜びそうなもの、子供のためになりそうなものを工夫して選びます。自分が遊んで楽しかった玩具、子供たちが欲しいと言っていた玩具、口コミや玩具屋さんでお勧めされた玩具を買います。玩具といってもそれなりの値段がします。全く遊ばれることのない、喜ばれない玩具は買わないものですし、あわよくば、教育上よい効果がある玩具を買いたいとも思うことでしょう。つまり、玩具を売るとしたら、大人にも買ってよいと思ってもらわなくてはならず、子供と大人の両方の顧客を理解しなくてはなりません。

　レゴは、この二面性を十分に理解しており、創業当初から小売との強い関係を構築し、そして、口コミが広がるようにコミュニティに対する支援に力を入れたのです。

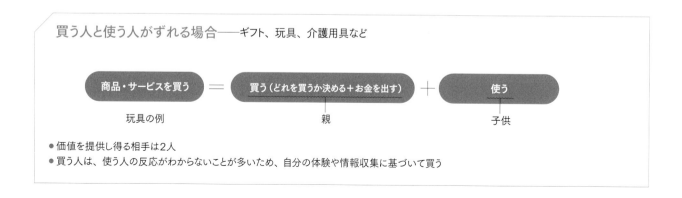

買う人と使う人がずれる場合──ギフト、玩具、介護用具など

商品・サービスを買う ＝ 買う（どれを買うか決める＋お金を出す） ＋ 使う

玩具の例　　　　　　　　　　　　　　　　親　　　　　　　　　　子供

● 価値を提供し得る相手は2人
● 買う人は、使う人の反応がわからないことが多いため、自分の体験や情報収集に基づいて買う

　価値を提供する相手がずれる、もう1つの現象が見られるのが、買う人の中で、お金を出す人と、意思決定をする人が違う場合です。多くの家庭で一般的にあることではないでしょうか。

　先ほどの事例と同様に玩具の例を考えてみましょう。クリスマスや誕生日の前に、おじいちゃんおばあちゃんが孫たちにプレゼントをする家庭も多いと思います。おじいちゃんおばあちゃんが、事前に親や子供たちに欲しいものをヒアリングをして玩具売り場に買いに来るケースや、孫の親と一緒に買い物に来て、選ぶのは親だが、お金を出すのはおじいちゃんおばあちゃんというケースがあるでしょう。

　この場合の玩具のメーカーの提供する価値は、祖父母向けには孫たちが喜んでくれること、親向けには自分の懐を痛めずに子供たちの発育を助けるものを与えられること、子供向けには楽しい遊びの経験をできることの3階層あることになります。

　家や車でも同様の事象があります。家や車の購入者が購入を決定する場合、一緒に乗る・住む家族の意見を多く取り入れながら購入を決めることが少なくありません。多くの人が家族の乗りやすさ、使い勝手を考慮したうえで意思決定しています。

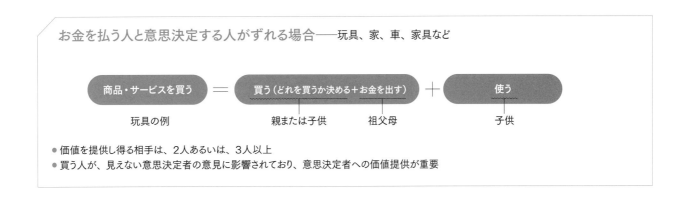

お金を払う人と意思決定する人がずれる場合——玩具、家、車、家具など

| 商品・サービスを買う | ＝ | 買う（どれを買うか決める＋お金を出す） | ＋ | 使う |

玩具の例　　　　　　　　　親または子供　祖父母　　　　　　子供

● 価値を提供し得る相手は、2人あるいは、3人以上
● 買う人が、見えない意思決定者の意見に影響されており、意思決定者への価値提供が重要

機能的価値と情緒的価値

　「価値」を考える際に、忘れてはいけないことがあります。価値には、機能や性能などの、数値で表現できる機能的価値と、デザインや商品への愛着などの、数値化しにくい情緒的価値があることです。

　たとえば、自転車を売る場合を考えてみましょう。

　歩いて外出するよりも速く、楽に目的地に着くことができること、重たいものも楽に運ぶことができることは、自転車の機能です。また、自動車と比較した際に駐輪が楽であること、免許が必要でなく、子供から大人まで乗ることができること、運動にもなるということも自転車の機能です。これらは、自転車の重さ、大きさ、強度、価格、維持費などで表現ができ、数値化や機能・性能の比較が容易です。

　一方で、同じ自転車、同じような機能なのに、特定のメーカーの出す、あるいは、特定のブランドの自転車に乗りたいというように、ブランドのイメージに共感することもあるでしょう。さらに、その自転車のパーツや素材へのこだわりに共鳴するということもあるかもしれません。その場合、自転車のブランドやパーツへのこだわりから、コストを超える対価を支払ってもよいと感じます。心がその商品やサービスを求めるという、情緒面に訴えているからです。

　これらの情緒的な価値は、その商品・サービスの醸し出す雰囲気やイメージ、あるいは、消費者との信頼関係など、数値では表しにくいものに支えられています。

　機能的な価値は重要ですが、真似のしやすいものでもあります。数値で表現しにくい、情緒的な価値は構築するのもたいへんですが、一度価値を提供できるようになれば、真似されにくいものでもあります。価値を考える際には、機能的な価値と同時に、情緒的な価値も忘れないようにしましょう。

自社だけの戦い方（価値提供）を探そう

　この本では15の戦い方（価値提供）の類型例を取り上げます。これらは単独でも成立しますが、組み合わせにより、戦い方（価値提供）が完成することもあります。

　たとえば、アマゾンの「いちばん買いやすい小売サービス」という戦い方（価値提供）は、インターネットで何でも買えるプラットフォームを提供しつつ（プラットフォーマー）、優れた買い物の経験の提供も行い（経験の提供者）、中抜きなどの商品の効率的な流通において（中抜き）、イノベーションを起こし続ける（イノベーター）という、4つの類型例を合わせた価値を提供しています。インターネット通販やその技術において、多くの買収を繰り返し、自社のサービスを拡充し続け、業界図を更新し続けてもいますので、業界の再編者という類型を持つとも言えるかもしれません。

　スターバックスは、家庭と職場に続く、「サードプレイス」を、一定の地域で圧倒的な存在感を持って提供するという価値を提供しています。類型で言うと、サードプレイスという高度に定義された経験を提供するもの（経験の提供者）であり、また、自社にとっての市場があると思われる地域に集中的に出店し、その地域において大きな存在感、規模を獲得することで地域ごとに強いブランドを構築している（カテゴリーリーダー）ことから、大きく2つの類型を組み合わせていると言えるでしょう。スターバックスの従業員や環境に対する姿勢を重要視し、評判プレーヤーという類型を持つとも言えるかもしれません。

　まずは、自社や自社の業界にどの類型が関係ありそうかを考えてみましょう。その上で、他社がどのような価値を訴求しているのか、自社はそれと比較してどうか、別の価値や、圧倒的に高い水準での価値を訴求し得るのかを考えましょう。

　価値の提供を考える際には、ケイパビリティと合わせて考えることがとても大切です。価値をどのような仕組みで提供し続けるのか、自社でそれができるのか、そのためには何をするべきなのかを考えるのです。

　また、取り上げた類型例は、たいへん大きなくくりです。たとえば、経験、評判といった場合に、どのような経験か、何に対する評判かと定義し始めると無限の広がりがあるものです。

　同業他社や業界を見渡すと、自社だけに当てはまる価値提供などないのではないかと思ってしまいがちですが、勝ち残るビジネスには、業界の変化を乗り越えられる、特別な独自の価値があります。そのような価値を探し、その価値を届けるためのモデルを構築しましょう。

戦い方（価値提供）の4つの類型と15の基本要素

1 商品・サービス自体の価値で戦う

- **01** バリュープレーヤー
- **02** プレミアムプレーヤー
- **03** 経験の提供者
- **04** カスタマイザー
- **05** ソリューション提供者

2 新たな価値を提示して戦う

- **06** イノベーター
- **07** ファストフォロワー
- **08** 評判プレーヤー

3 ゲームのルールを活用して戦う

- **09** カテゴリーリーダー
- **10** 規制ナビゲーター
- **11** リスク吸収者

4 ゲームのルールを変えて戦う

- **12** 業界の再編者
- **13** 中抜き
- **14** プラットフォーマー
- **15** リソース分配者

01 | バリュープレーヤー | Value Player

 **定義と概要**

商品やサービスをお得な価格で提供する。

◉——お得感は永遠の魅力

同じものならより価格の安いものを買いたい——これは永遠の顧客心理ではないでしょうか？　事業の資金であれば賢く使う必要がありますし、自分の資金であればなおさらです。

バリュープレーヤーは、競合と比較して、同じ機能であればより低価格で、あるいは、同じ価格であればより多くの機能や高い品質を提供することをその価値としています。

◉——持続的なバリュープレーヤーは我慢していない

成功しているバリュープレーヤーは、低価格であるだけではなく、経験、評判など、価格競争によるコモディティ化の悪循環に陥ることなく、その地位を維持できるケイパビリティを有しています。

普遍的な顧客ニーズであるだけに、バリュープレーヤーを志向する事業は多く存在します。しかし、バリュープレーヤーとして成功する事業は、その価値の実現のために、規模を確保し、その事業の設計、運営すべてにおいて効率化を図るなど、すべてのステップにおいて徹底的な努力をしています。また、その上でさらに、消費者との役割分担を明確に行うことでいっそうの低価格を提供しているプレーヤーも存在します。努力と知恵を必要とする価値であり、決して我慢だけで、安易に訴求し得る価値ではありません。

! POINT

低コスト提供者ともいう

価格競争をしていることを価値とするのではなく、お得感を長期的に提供し続ける仕組みを持っていることが必要

多くの場合、経験、評判、カスタマイズなど他の価値と合わせてバリューを訴求している

収益増の仕組み　バリュープレーヤーは、低コストで事業を運営することで、同業他社の商品・サービスと比較して同等の商品を大きく下回る価格で提供することができます。これにより多くの消費者、顧客を惹きつけ、利益を拡大させ、すでに効率的であった業務運営に投資をすることで、さらに低コスト体質を強めることができ、事業が持続可能になります。

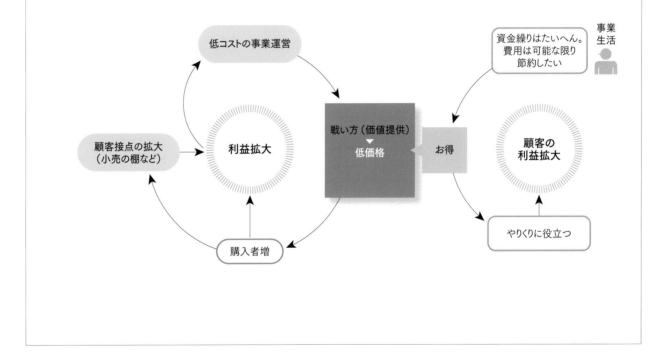

収入項目例　商品販売対価、サービス提供対価など

この価値が成立するための前提は？

1 同じ内容、機能であれば少しでも安いものを探そうとする消費者、顧客のマインドがある

2 当該商品・サービスの、一般的に認知されている価格帯がある（お得と感じてもらうための比較対象がある）

3 提供価格が安くとも、最低限の機能や品質を満たす商品・サービスもあり得るという認識がある

必要なケイパビリティ

☐ コスト管理、コスト分担に関する知恵、意識と行動、管理方法

☐ 顧客の期待する最低限の品質などを守りつつ、コストを削減する能力

☐ 低コストを実現するための、効率的なオペレーション、何らかの事業運営上の工夫などがあり、その向上に向けて絶えず投資がされていること

企業例　> イケア　ウォルマート　アマゾン　など

⚲ 論点｜**低価格の実現のための投資**｜アマゾンの事例から

　アマゾンは、多くの買い物客を集めますが、その原動力は、他の多くのインターネット通販事業と同じように価格です。

　アマゾンはその低価格の源泉を、店舗を持たないことにとどめずに、顧客のストレスフリーな購買体験実現のためのウェブサイトへの数々の新しい技術の導入、物流業務の効率化のためのシステム開発や技術導入、調達における交渉力の拡大などにより、実現しています。

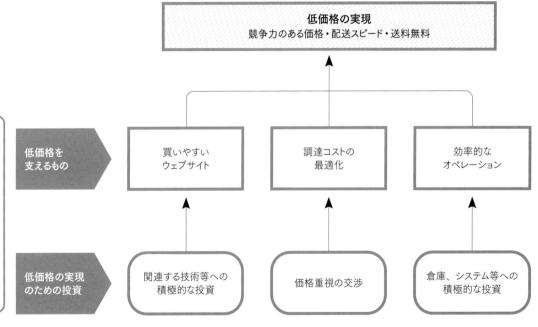

「アマゾンの小売事業についていえば、顧客は低価格を求めています。これは10年後も変わらないでしょう。……10年後に顧客が私のところにやってきて、「ジェフ、私はアマゾンが大好きだ。もう少し価格を上げて、もう少し時間をかけて配送してほしいのだが」というとは到底思えません」

アマゾン創業者・元CEO
ジェフ・ベゾス[52]

低価格を支えるもの ▶

低価格の実現のための投資 ▶

低価格の実現
競争力のある価格・配送スピード・送料無料

買いやすい
ウェブサイト

調達コストの
最適化

効率的な
オペレーション

関連する技術等への
積極的な投資

価格重視の交渉

倉庫、システム等への
積極的な投資

52｜ブラッド・ストーン著，井口耕二訳，滑川海彦解説，2014.『ジェフ・ベゾス　果てなき野望─アマゾンを創った無敵の奇才経営者』日経BP社

02 | プレミアムプレーヤー | Premium Player

定義と概要

高級（品質や知覚価値）な商品やサービスを提供する。

⊙――高級だからこそ売れる

　高級な商品やサービスを求める顧客に対して価値を提供するのがプレミアムプレーヤーです。高級さは高い品質や、おしゃれさなどの知覚価値に支えられるものですが、本来の当該商品やサービスに平均的に求められる水準を大きく超えた贅沢なレベルの提供がなされます。

　顧客は、その商品の機能価値のみならず、ブランドの顧客であるというステータスや経験にも満足感を覚えます。

⊙――通常とは異なる優先順位（品質＞価格）

　プレミアムプレーヤーは、富裕層や超マニアなどの限られた一定の顧客層をターゲットとするので、広くマス顧客を対象とする他のビジネスモデルとは異なる優先順位を持ちます。

　マス向けの商品を提供するプレーヤー（例：バリュープレーヤー）は、社会の最大公約数を見つけて、同じ商品を、できる限り安く、可能な限り多く提供することを目指します。一方で、プレミアムプレーヤーは、一般的に受け入れられやすい必要はなく、強い主張を持つブランドにより、大きなマージンを確保して、特定セグメントに可能な限り狭く深く受け入れられるようにします。プレミアムプレーヤーにとっては、品質や知覚価値が確保し得るのであれば価格は高くても問題ない、むしろ、場合によっては価格が高いほど売れるということすらあります。

!POINT

品質や知覚価値により表現される高級感を提供する

高級感が提供者のブランドと紐づき、顧客にステータスを与える

限られた顧客セグメントに対し、厚いマージンで商品・サービスを提供する

収益増の仕組み　プレミアムプレーヤーは、素材や業務プロセスへのこだわりにより、同業他社よりも高級（品質や知覚価値）な商品やサービスを提供することができます。これにより高価格を正当化し（あるいは、高価格により高品質を裏付け）、その高品質を好むお得意様との関係を深く長く築くことで、安定収益、高マージンを可能にしています。この収益はさらに、次のこだわりへの原資となり、事業を持続可能なものとすることができます。

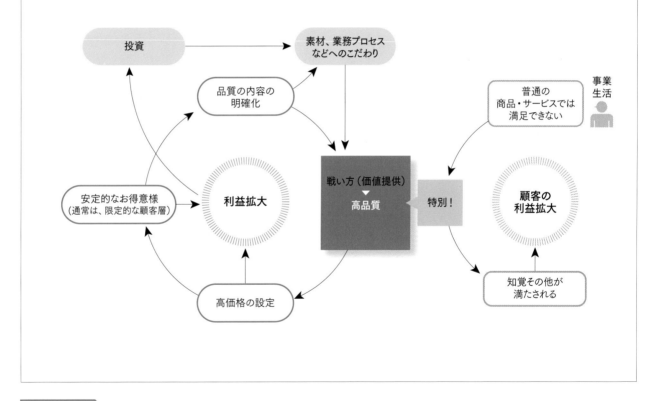

収入項目例　商品販売対価、サービス提供対価など

この価値が成立するための前提は？

1 高級感（品質、知覚価値）に対して、大きな対価を支払うことができる顧客層が存在する

2 高級なものを保有したい、ステータスや安心感を確保したいという顧客層が存在する

3 品質、アプローチ、知覚価値などにより他者との差別化をしたいという欲求を持つ顧客が存在する

必要なケイパビリティ

☐ 品質、知覚価値を提供しつづけるオペレーションの遂行能力

☐ 事業プロセスの全般において品質、知覚価値を裏打ちするものであること

☐ 高品質、知覚価値を提供するにふさわしい、社会的なレピュテーションを維持するオペレーションの推進能力

☐ 新規顧客の育成、既存顧客とのリレーションシップのマネジメント能力

企業例 ▷ 高級車メーカー リッツ・カールトンなどの高級ホテルチェーン 高級アパレルブランド など

論点｜**プレミアムは総合演出**｜アップルの事例から

　アップルは、コンピュータ、スマホなどを提供していますが、これらの商品は、カテゴリーの中でも高価格帯で販売され、ほとんど値引き販売がされていません。

　商品の機能だけでなく、デザインもこだわり抜いています。そのこだわりは、商品のパッケージ、アクセサリー、商品を販売する店舗のデザイン、顧客サポートにまで及びます。商品を通じた総合的な体験によってプレミアムが実現されています。

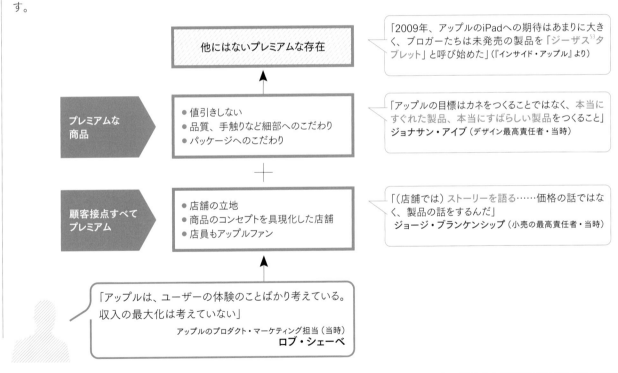

他にはないプレミアムな存在

「2009年、アップルのiPadへの期待はあまりに大きく、ブロガーたちは未発売の製品を「ジーザス[53]タブレット」と呼び始めた」（『インサイド・アップル』より）

プレミアムな商品
- 値引きしない
- 品質、手触りなど細部へのこだわり
- パッケージへのこだわり

「アップルの目標はカネをつくることではなく、本当にすぐれた製品、本当にすばらしい製品をつくること」
ジョナサン・アイブ（デザイン最高責任者・当時）

顧客接点すべてプレミアム
- 店舗の立地
- 商品のコンセプトを具現化した店舗
- 店員もアップルファン

「（店舗では）ストーリーを語る……価格の話ではなく、製品の話をするんだ」
ジョージ・ブランケンシップ（小売の最高責任者・当時）

「アップルは、ユーザーの体験のことばかり考えている。収入の最大化は考えていない」
アップルのプロダクト・マーケティング担当（当時）
ロブ・シェーベ

53｜ジーザスとは、キリスト教のイエス・キリスト、救世主のこと

03 経験の提供者 | Experience Provider

定義と概要

楽しさ、安心感、ドキドキ、夢の世界などの一定の経験を提供する。

⊙──モノを超えた価値

基本的なモノやサービスを提供するのと同時に、心地のよい、楽しい経験を提供するのが経験の提供者です。

たとえば、レストランに、食事だけではなく驚きや楽しさがたくさんあり、大人も子供も楽しむことができれば、家族の外食に喜ばれるでしょう。そこで得られる特別の経験を求めて商品・サービスを買う顧客に訴求する、それが、経験の提供者のアプローチです。

経験の提供者は、商品・サービスの提供の場にも細心の注意を払い、一定のぶれない経験を提供します。経験の提供者には、消費者との直接の接点を持つ企業が多いですが、強いストーリー性を持ち、その商品に接すること自体が特別なイベントのように感じられるメーカーも含まれます。

⊙──顧客との安定的な関係構築の基盤

ネット通販の利用が浸透するにつれ、消費者の選択肢が大幅に広がり、単なる機能や価格だけではない愛着や信頼（ブランド）の構築が有効になってきています。

前向きな強い経験は、構築、提供するのに時間はかかりますが、ブランドの基盤として有効なものです。多くの有力ブランドは経験の提供者でもあります。

!POINT

商品・サービスの機能や価格を超えた経験を提供する

消費者や顧客との共通の経験により、強い結びつきをつくり出すことができる

どんな価格帯にも、どんな商品・サービスにも存在し得る

収益増の仕組み　経験の提供者は、必要最低限のモノだけでは満たされない経験を価値として提供します。経験提供するためのコストはかかりますが、経験を付加価値として価格に反映させることや、真似がしにくい価値であるため競争が起きにくいことによって、利益を確保しやすくなります。経験の提供者はその利益を、経験の提供体制や、経験自体の磨きこみに投資することで事業を持続可能にできます。

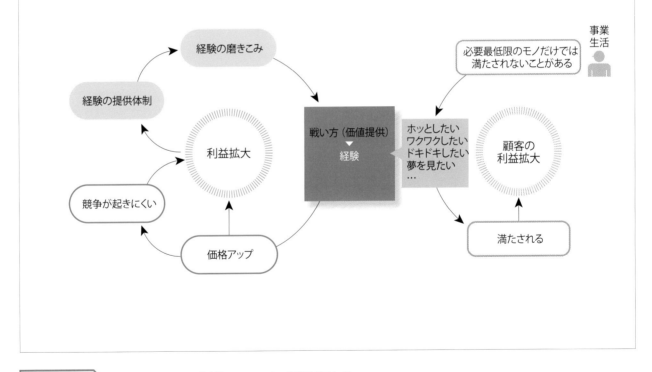

収入項目例　商品・サービス販売対価、サービス提供対価など

103

この価値が成立するための前提は？

1	基本的な商品、サービスが行きわたることにより、機能や価格面での充足感がある
2	購買などに関わる経験に価値を感じる顧客層が存在する
3	その経験を求めて定期的に、消費者がブランドにアクセスする意味のある商品・サービスが存在する（反復継続的な利用、メンテナンスが必要など）

必要なケイパビリティ

- [ ] 顧客の求める経験やその変化を理解し続ける能力

- [ ] 自社のサービス商品を通じて、その経験を提供する能力

- [ ] 顧客とのタッチポイント全般において定めた経験を一貫性を持って提供する能力

企業例 ＞ アップル イケア レゴ マクドナルド* ナチュラ スターバックス など

＊楽しい屋内運動場を、「ハッピーセット」の価格で提供

論点｜経験の源泉｜スターバックスの事例から

スターバックスは、ハワード・シュルツのコンセプト、「コーヒーが与えるロマンと、スターバックスの店舗が感じさせる温かさと人のつながり」により、人が集まる「サードプレイス」の構想から始まりました。

そのため、スターバックスでは、質が高く、手頃な価格のコーヒーを提供するだけでなく、スターバックスの店舗や、その商品から得られる経験を、何よりも大事なものとして事業を組み立てています。

その経験はいわゆる接客だけではなく、顧客の五感に関わる環境整備など、多くの要素により実現されています。

「スターバックスの製品は単にコーヒーだけにとどまらない。"スターバックス体験"と呼ばれるものも、われわれの製品なのである。それは快適で入りやすく、しかも上品で優雅な、スターバックスでしか味わえない、魅惑あふれる豊かな雰囲気にほかならない」

スターバックス元会長兼CEO
ハワード・シュルツ[54]

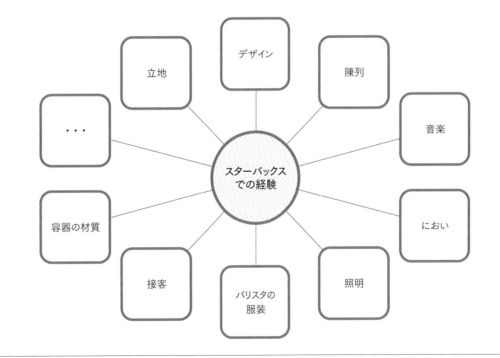

54｜ハワード・シュルツ著，ドリー・ジョーンズ・ヤング著，小幡照雄訳，大川修二訳，1998.『スターバックス成功物語』日経BP社

04 | カスタマイザー | Customizer

 定義と概要

消費者や顧客の個別のニーズに応じた商品やサービスを提供する。

⊙──合理的な価格でカスタマイズした商品・サービスを提供

　事業の規模を得て、商品・サービスの提供コスト、価格をコントロールするためには、できる限り画一的に事業を運営したいものです。ただ実際には、地域や、顧客の属性によって違いがあるのが現実です。

　カスタマイザーは、消費者や事業展開地域の理解に基づいて、一定の効率性を維持しつつ、商品・サービスを特定のニーズに応えるように調整して提供します。これにより、単価の大幅アップによるマージンの拡大、あるいは、顧客の固定化による事業の安定化を目指します。

　カスタマイズをするとコストと価格が高くなってしまうことが難しさのひとつの原因でしたが、テクノロジーやネットワークの拡大によって、広い顧客層向けの商品・サービスでもカスタマイザーとしての成功が容易になりました。

⊙──ソリューション提供者との違い

　後述のソリューション提供者との違いは、ニーズへの対応の深さです。ソリューション提供者は顧客ごとに課題を解決しようとしますが、カスタマイザーは顧客タイプごとのニーズに自社の商品を調整することで、個別のニーズに対応します。

!POINT

消費者や顧客は皆同じではない

カスタマイズを、効率的、合理的に行って、より深い支持を得る

消費者理解とコストコントロールが重要

収益増の仕組み　カスタマイザーは、商品・サービスを特定の地域や顧客ターゲットなどに対して、より適切なものに調整（カスタマイズ）して提供します。カスタマイズにより、対象となる顧客に喜ばれる商品・サービスを的確に提供するだけではなく、売れない商品・サービスをそもそも準備しないことで、低コストを実現することができます。ここから得られた収益をさらに、顧客ニーズの把握や、把握したニーズを迅速的確に商品・サービスに適用するケイパビリティの増強に投資することで、事業を持続可能なものとすることができます。

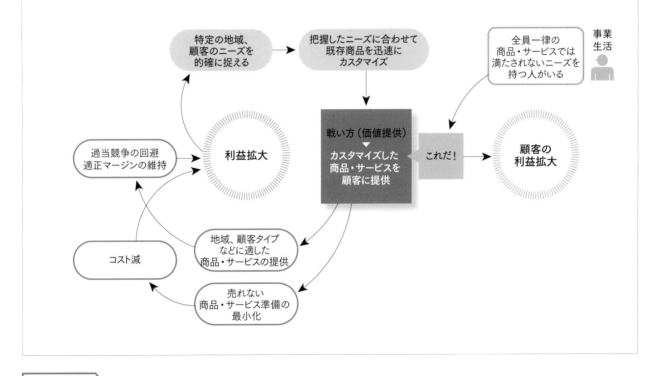

収入項目例　商品販売対価、サービス提供対価など

この価値が成立するための前提は？

1	その市場において概ね画一的な商品が提供されるのが通常である
2	商品、サービスのバリエーションを好む顧客タイプ、あるいは地域性などが存在する
3	カスタマイズによるコスト上昇を吸収し得る技術的な前提などが存在する

必要なケイパビリティ

☐ コストを管理しつつカスタマイズを可能にする事業推進能力

☐ カスタマイズに必要な内容となる顧客のニーズとその広がりを見極める能力

☐ カスタマイズの効果を獲得するためのマーケティング能力

企業例 ▷ バーガーキング[*1]　マクドナルド　フリトレー[*2]　ハイアール　インディテックス　など

＊1「ハヴ・イット・ユア・ウェイ」キャンペーン
＊2 アメリカのペプシコ社の菓子ブランド。小売店に合わせた品揃え

論点｜スピードとカスタマイズの両立｜インディテックスの事例から

インディテックスは、週に2回各店舗の品揃えを刷新するために、バリューチェーンを極めて速いスピードで回していますが、それはただ速いだけではありません。

インディテックスの店舗は世界中に拡大し、2018年には7500近くの店舗を世界の96市場に展開しています。世界のトレンドや気候は異なるため、インディテックスはバリューチェーンを速く回すだけではなく、店舗ごとの特性に合わせてカスタマイズできるようにしています。

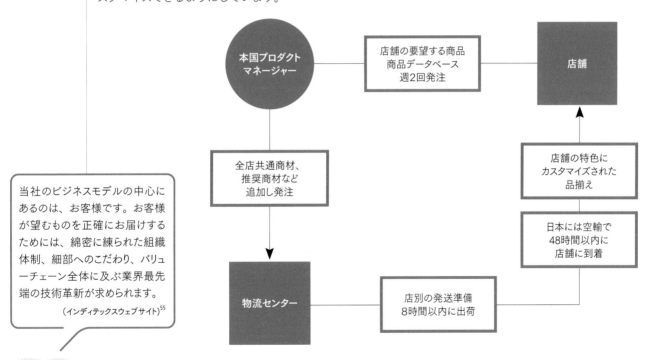

当社のビジネスモデルの中心にあるのは、お客様です。お客様が望むものを正確にお届けするためには、綿密に練られた組織体制、細部へのこだわり、バリューチェーン全体に及ぶ業界最先端の技術革新が求められます。
（インディテックスウェブサイト）[55]

55｜「INDITEX」https://www.inditex.com/en/how-we-do-business/our-model/customers, Accessed October 7, 2021

05 ソリューション提供者 Solutions Provider

 定義と概要

顧客の困りごとに対する解決策となる商品やサービスを提供する。

⦿──みんな違って、みんないい

大量生産大量消費においては、消費者や顧客が基本的に皆同じニーズを持って画一的な商品・サービスを提供することで満足してもらえるということを前提にしています。これは社会の平均点を底上げするには意味のあるアプローチですが、2つの点で間違えています。

まず、消費者や顧客で全く同じ人や団体は1つもないこと、次に、消費者や顧客が求めているのは商品やサービスではなく、それらによって得られる「結果」ということです。歯ブラシを買う人は、歯ブラシそのものが欲しいのではなく、歯ブラシがあることによって歯磨きができる条件を整えたいのです。

それでも、汎用性の高い商品の場合には大量生産品、基本は同じ品で少し調整が必要な場合にはカスタマイズ品で対応ができますが、抜本的に、新しい価値を提供したり、個別の課題の解決をしたりすることが必要な場合には、課題解決そのものを戦い方（価値提供）とするソリューション提供者が活躍することとなります。

⦿──ソリューション提供者はインテグレーター

この価値を提供する場合には、顧客が従来持っていた技術も含めて、多様な技術や手法を組み合わせる能力を要するため、インテグレーターともいいます。無数にあり得る課題を解決するためには、自社だけでは難しいことがほとんどで、多くの関係者と連携して課題解決に結び付けていくことが大事なのです。

! POINT

無数にある個別特殊な課題を解決するのがソリューション提供者

ニーズがある程度類似して、広がりがある場合には、カスタマイズにより対応することも検討し得る

自社だけではなく、顧客や自社外の協力者と連携することで、個別の課題に対するソリューションを提供し続ける

収益増の仕組み

　ソリューション提供者は、顧客の課題、困りごとに対する解決策を、その特定の顧客に対して提供します。自分の固有の困りごとを解決してもらえるので、長くよい関係がつくられますし、高いマージンを確保することもできるようになります。これらの利益を、顧客の困りごとを理解し、そのための解決策を策定・実施する体制を整備することに用いることで、事業を持続可能なものとします。顧客の課題の理解は、長期安定的な関係があることで、より深くなるからです。

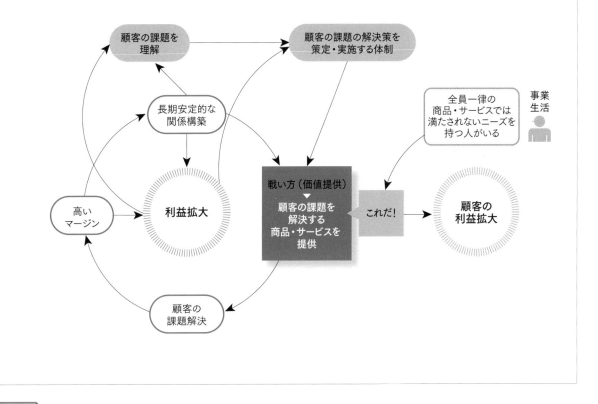

収入項目例 ▷ 商品販売対価、サービス提供対価など

この価値が成立するための前提は？

1	汎用化されにくい、解決する価値の高い個別の課題が生じる

2	解決するべき課題の価値が大きく、相応の対価の獲得が想定し得る環境がある

3	同分野の技術革新が急スピードで進むなど、特殊の課題解決が繰り返し求められることが想定される

必要なケイパビリティ

☐ 顧客の課題を、顧客に先立って理解する力と、そのための知見蓄積

☐ 課題の解決力とそのための人材確保

☐ かかったコスト以上の価値を提供し、価格に反映する能力

☐ 課題解決のためのネットワークを構築し、維持し続ける能力

企業例 ▷ セメックス ／ ハイアール ／ コマツ など

論点｜市場形成を阻害する要因を取り除くソリューション提供｜セメックスの事例から

　セメックスは、セメントというコモディティを扱い、かつ、メキシコという必ずしも世界経済の中心ではない地域からでありながら、新しい価値を創ることにより、世界的な大手の一角を占めることとなりました。

　その地域、消費者、顧客、市場の構造に合わせた課題の解決策を提供し続けたソリューション提供者としての価値提供が、大きく寄与しています。

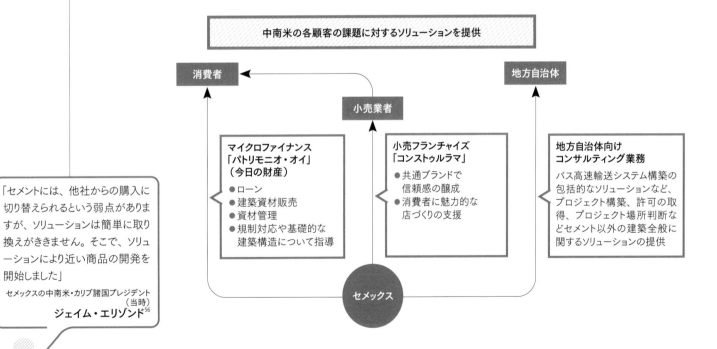

「セメントには、他社からの購入に切り替えられるという弱点がありますが、ソリューションは簡単に取り換えがききません。そこで、ソリューションにより近い商品の開発を開始しました」

セメックスの中南米・カリブ諸国プレジデント（当時）
ジェイム・エリゾンド[56]

中南米の各顧客の課題に対するソリューションを提供

消費者

小売業者

地方自治体

マイクロファイナンス「パトリモニオ・オイ」（今日の財産）
- ●ローン
- ●建築資材販売
- ●資材管理
- ●規制対応や基礎的な建築構造について指導

小売フランチャイズ「コンストゥルラマ」
- ●共通ブランドで信頼感の醸成
- ●消費者に魅力的な店づくりの支援

地方自治体向けコンサルティング業務
バス高速輸送システム構築の包括的なソリューションなど、プロジェクト構築、許可の取得、プロジェクト場所判断などセメント以外の建築全般に関するソリューションの提供

セメックス

56｜PwC Strategy&，2017年，Strategy& Foresight vol.11 2017 Spring.「CEMEX社の積極的M&Aと『CEMEX流』インテグレーション」https://www.strategyand.pwc.com/jp/ja/publications/periodical/strategyand-foresight-11/sf11-03.pdf、2021年1月19日閲覧

06 イノベーター | Innovator

 定義と概要

斬新で創造的な商品・サービスや、業務プロセスの革新などにより新しい価値を提供し続ける。

⊙──イノベーションを起こし続ける存在

イノベーターとは、今まで市場になかった商品・サービスを、新しい視点や技術などにより創出し、提供し続ける企業です。

技術が進展するにつれて、顧客のニーズは拡大していきます。市場がもうイノベーションを必要としないということはおそらくないでしょう。イノベーションを起こすイノベーターは常に、尊敬され、必要とされる存在です。

イノベーターであるためには、イノベーションを起こし続ける存在である必要があります。最も成功を収めているイノベーターは、イノベーションを起こし続け、また、そのイノベーションをファストフォロワーなどから守る仕組みを構築しています。

⊙──ファストフォロワーとの違い

イノベーターもファストフォロワーも両方ともイノベーションに関与しています。イノベーターがイノベーションを自ら引き起こすのに対して、ファストフォロワーはイノベーションを素早く見つけ、イノベーターよりもうまく世の中に展開する役目を担います。特に小規模のイノベーターはファストフォロワーとの連携により、イノベーションをより広く世の中に提示できるようになることもあります。

! POINT

新しい視点や、技術（イノベーション）により、新しい価値を市場に提供し続ける

イノベーションを継続的に引き起こし続けることができるのが戦い方（価値提供）としてのイノベーター

ファストフォロワーとの連携でイノベーションを拡大させることもできる

収益増の仕組み

　イノベーターは、商品・サービスや業務プロセスにおいて、新しい価値を継続的に市場に提供し続けます。当然、新しい価値を発見し、考案し、市場に提供し続ける力が必要ですが、さらにその価値を独占するための工夫があれば、その価値はより大きく、持続可能になります。

　これらの能力により、最小限の競争環境を創出し、新しい価値から得られる利益を最大化することができます。ここから得られた収益をさらに、新しい価値を創り出すことに投資することで、事業を持続可能なものとすることができます。

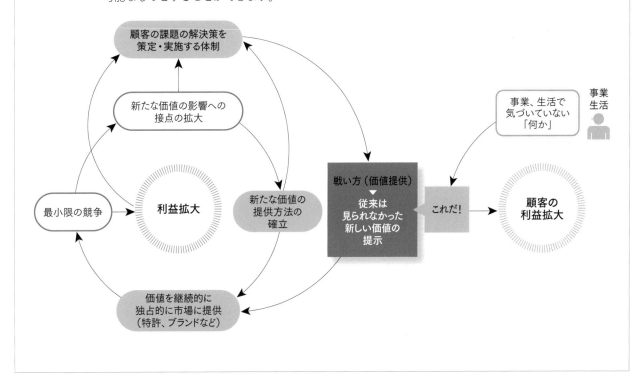

収入項目例 ▷ 商品販売対価、サービス提供対価、ライセンス料など

この価値が成立するための前提は？

1 技術や環境の変化が大きく、イノベーションが起きやすい市場環境にある

2 消費者や顧客がそのイノベーションを受け入れるなどの条件が整っている

3 イノベーションを事業化するだけの環境が整っている

必要なケイパビリティ

☐ イノベーションを継続的に引き起こし続ける能力

☐ 自社の事業を脅かすファストフォロワーを除外、あるいは、優位性を保ち続けられること（ライセンスや契約体系に関する考え方など）

☐ 自社のイノベーションを用いて市場から相応の対価を得る仕組みを構築できること

企業例 ▷ アップル ハイアール インディテックス ほしのや など

🔍 論点 | **イノベーションはビジネス全体で起こる** | インディテックスの事例から

インディテックスはZARAなどのブランドを通じて、変化の速いファッション業界においても、旬の商品を魅力的な価格で素早く店頭に並べ、世界中の顧客に支持されています。

提供する商品コンセプト自体がファッション界にとってイノベーションですが、実はより大きなイノベーションは商品ではなく、事業の運営の在り方にあります。迅速さと低価格を支えるためにオペレーションのすべての面で画期的な取り組みを進めているのです。

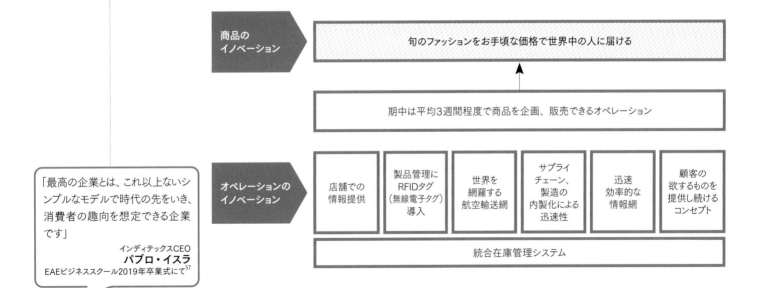

**商品の
イノベーション** → 旬のファッションをお手頃な価格で世界中の人に届ける

↑

期中は平均3週間程度で商品を企画、販売できるオペレーション

「最高の企業とは、これ以上ないシンプルなモデルで時代の先をいき、消費者の趣向を想定できる企業です」
インディテックスCEO
パブロ・イスラ
EAEビジネススクール2019年卒業式にて[57]

**オペレーションの
イノベーション** →

| 店舗での情報提供 | 製品管理にRFIDタグ（無線電子タグ）導入 | 世界を網羅する航空輸送網 | サプライチェーン、製造の内製化による迅速性 | 迅速効率的な情報網 | 顧客の欲するものを提供し続けるコンセプト |

統合在庫管理システム

57 | 「EAE Business School」https://www.eae.es/en/news/eae-news/pablo-isla-president-inditex-best-companies-are-those-are-ahead-their-time-and-anticipate-consumers-tastes-thanks-impeccable-simplicity-their-model、2021年10月7日閲覧

07 | ファストフォロワー | Fast Follower

 定義と概要

イノベーターの土台、アイデアを利用し、商品・サービスやその提供方法を素早く実現し、より手頃な価格で、より広い消費者に提供する。

⊙——**イノベーションを広げる存在**

イノベーションを起こすのに、発明家（イノベーター）ばかりが活躍するわけではありません。成功した多くのイノベーション（蒸気船、発電、テレビ、パソコンなど）は、他社のイノベーションを上手にマーケティングするファストフォロワーによって普及してきました（Fast Followerは、素早く追随するという意味です）。

ファストフォロワーは、イノベーションをいち早く見つけるだけではなく、それを世の中に適用しやすく再解釈し、自身のネットワークを使って世の中に提示し、普及させるという大きな役割を担います。さらに、高機能版であったイノベーションを、より安く、量産に適するようにして提供することによって広めることも多くあります。

⊙——**「良い芸術家は模倣し、偉大な芸術家は盗む」**

1996年に、アップルの共同創業者スティーブ・ジョブズは、「良い芸術家は模倣し、偉大な芸術家は盗む」とピカソは言ったとして、歴史上、多様な分野における素晴らしい取り組みを取り入れることの重要性を語っています[58][59]。すでに存在するアイデアを取り入れ、昇華させ、新しいものとして拡大させていくことは、大きな価値提供となり得ます。

！POINT

イノベーションを発掘し、世に提示する役割を担う

イノベーターの発明を改良し、マーケティングする

イノベーションを、誰よりも上手に、素早く、広く提供

収益増の仕組み

ファストフォロワーは、商品・サービスや業務プロセスにおける新しい価値をいち早く見つけて、よりよく、より広く市場に提供します。これらの価値、能力により、最低限の競争環境にて、新しい価値から得られる利益を最大化することができます。ここから得られた収益をさらにまた、新しい価値を発見し、よりよく、広く市場に提供する能力に投資することで、事業を持続可能なものとします。

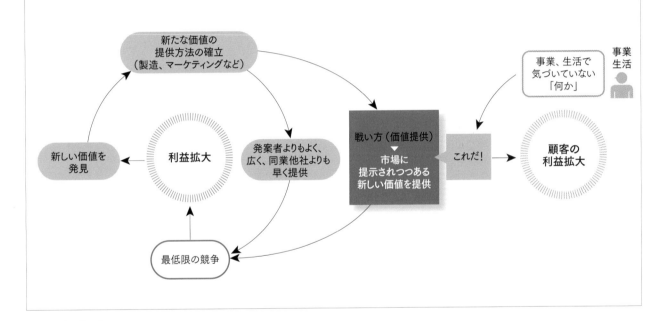

収入項目例 商品販売対価、サービス提供対価など

---

58 | PBS, https://www.pbs.org/nerds/part3.html, Accessed October 7, 2021.

59 | 同様に、アマゾンもウォルマートやコストコから、「エブリデーロープライス」のヒントを得たと言われています。ジェフ・ベゾスはコストコ創業者ジム・シネガルからすべての商品の利幅を一律14％に抑えるというコストコのビジネスの説明を受け、アマゾンの価格戦略を決めたとされます。シネガルは「いいアイデアがあれば厚かましく盗むものだと思ってきましたからね」と言ったそうです。（ブラッド・ストーン著, 井口耕二訳, 滑川海彦解説, 2014.『ジェフ・ベゾス 果てなき野望―アマゾンを創った無敵の奇才経営者』日経BP社）

この価値が成立するための前提は？

1 市場、技術発展の環境などにおいて、イノベーションが継続的に引き起こされる環境にある

2 イノベーションを起こす主体となるイノベーターが存在する

3 コストの優位性や、顧客接点などオリジナルを上回る戦い方（価値提供）の提供がある

必要なケイパビリティ

☐ いち早く革新的な商品の持つ意味合いを見極める能力

☐ コストをコントロールしつつ革新的な商品を模倣、または改良して提供する能力

☐ 革新的な商品を、独自のネットワークなどを介して広く提示し、普及させる能力

企業例 ＞ グーグル(アンドロイド)　ヒュンダイ　アップル　など

🔍 論点｜ファストフォロワーとイノベーターは両立する｜アップルの事例から

　アップルは私たちの生活を変える魅力的な商品・サービスを次々に発表していますが、ときに、その商品については先行する商品があったという指摘がされることがあります。

　技術や商品のアプローチがすでにあるものを素早く吸収し、より上手に、より広く、その価値を広めるのはひとつの大きな価値です。すでにある先行する画期的な商品同士を足したり、あるいは、改良を加えたりして、より広く、深く、顧客に受け入れられる商品をつくり出す。これは、ファストフォロワーでもあり、イノベーターでもあると言えます。

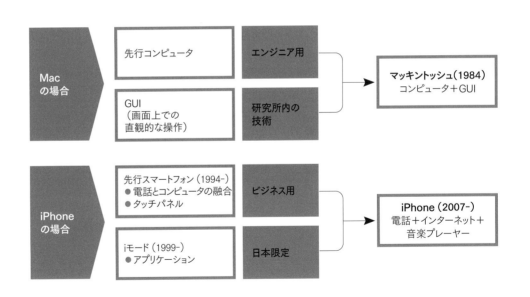

「その気になればセールスポイントは際限なく上げられました。……（その性能は列挙するのではなく）3つに絞った……まったく新しい電話であること、ポケットに入るインターネットであること、これまでで最高のiPodであることです」
iPhoneのマーケティング担当の最高幹部（当時）
ボブ・ボーチャーズ[60]

60｜アダム・ラシンスキー著，依田卓巳訳，2012.『インサイド・アップル』早川書房

08 評判プレーヤー Reputation Player

定義と概要

信頼できる商品・サービス提供者として、顧客から高い対価や特別なアクセスを得ている。

◉──信用は最強の武器

選べるのであれば、信頼のおける、評判のよい相手と取引をしたいと思うでしょう。信頼がおける相手であれば、少々価格が高くとも、信頼分を余分に支払うのは仕方がないと思うかもしれません。評判プレーヤーとは、そのような信用、評判を大きな価値として提供するプレーヤーです。

評判は、広く社会での評判である必要はなく、特定の業界や特定の顧客との密接な関係に基づくものでよく、必ずしも利他的とは限らないものですが、低価格とは異なる価値と結びついています。

この価値は、公平さが要求される特定の業種（金融、公共サービス的な性質のある事業）だけではなく、広く事業を展開して影響力を有する場合にも結びつくことがあります。経験の提供者同様に、根本的に競合との差別化の源泉となり得る価値です。

◉──かわいさ余って……

このアプローチはもろ刃の剣ともなり得ます。評判のよいプレーヤーが、その評判を徹底し続けるための努力を怠ったり、注意力散漫になったりすると、逆効果を招く可能性があり、普通以上に評判が損なわれることともなります。この反動は、広く、急速に拡散され、ガバナンスの不祥事に端を発する規制の強化や、人道的に問題のある調達・生産体制に端を発する消費者の不買運動などに発展することもあります。

！POINT

信用、評判を武器に、通常では得られない取引内容、条件を手にすることができる

競合との根本的な差別化の源泉となり得る価値

信用に反することがあれば、大きな反動があり得る

収益増の仕組み　評判プレーヤーは、なんらかの社会貢献をしたいという気持ちを持っている消費者や顧客が商品やブランドを選ぶ際に重視する、信頼、安心できる評判（レピュテーション）という価値のある商品・サービスを提供することになります。

　評判を構築、維持するためのコストはかかりますが、その高い評判を付加価値として価格に反映させることができますし、真似がしにくい価値であるため競争が起きにくく利益が確保しやすくなります。評判プレーヤーはその利益を、さらに、その活動において商品・サービスや事業主体としての評判を高め続けるために投資することで、事業を持続可能なものとします。

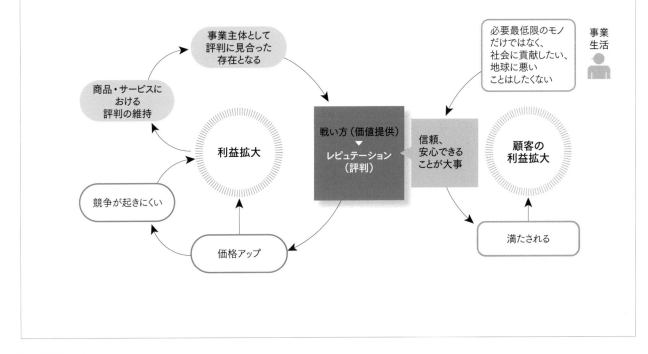

収入項目例　商品・サービス販売対価、サービス提供対価など

123

この価値が成立するための前提は?

1 基本的な商品、サービスが行きわたることにより、機能や価格面での充足感がある

2 商品・サービスの提供者に対する評判に価値を感じられる顧客層が存在する

3 その信頼性を求めて定期的に、消費者がブランドにアクセスする意味のある商品・サービスが存在する(反復継続的に利用できる、メンテナンスが必要など)

必要なケイパビリティ

☐ 評判、信頼の内容や根拠を明確にして、消費者や顧客に提示し、信頼感を醸成するマーケティング能力

☐ 事業の運営のすべての面において、自社の有する評判(信用)に即した行動を徹底する能力

☐ 業界の慣行や収益の最大化などにとらわれず、このアプローチを徹底する能力や注意力

企業例 ▷ ナチュラ タタ ボルボ* など

*2010年に中国の吉利汽車がボルボを買収したとき、ボルボの安全性に対する評判が魅力的な要素であった

CASE STUDY　ナチュラ

　ナチュラは、Bem estar Bem（幸せな暮らし、幸せに暮らす）をスローガンとして、自社の商品や自社と人々との関係性を大事にして事業を進めるため、アマゾンその他の環境への取り組み、お客様との絆や信頼関係を最重要視する態度や仕組みを整えました。

　ナチュラは評判によって、より強く、より高く、お客様からの評価を得ることができています。

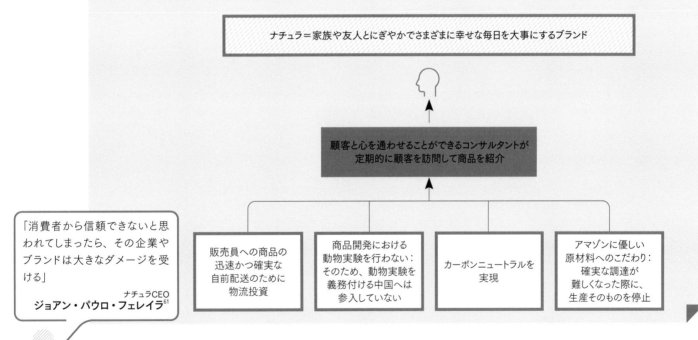

ナチュラ＝家族や友人とにぎやかでさまざまに幸せな毎日を大事にするブランド

顧客と心を通わせることができるコンサルタントが定期的に顧客を訪問して商品を紹介

「消費者から信頼できないと思われてしまったら、その企業やブランドは大きなダメージを受ける」
ナチュラCEO
ジョアン・パウロ・フェレイラ[61]

| 販売員への商品の迅速かつ確実な自前配送のために物流投資 | 商品開発における動物実験を行わない：そのため、動物実験を義務付ける中国へは参入していない | カーボンニュートラルを実現 | アマゾンに優しい原材料へのこだわり：確実な調達が難しくなった際に、生産そのものを停止 |

61｜Diamond Harvard Business Review Online，アンドリュー・ウィンストン，2019.10.29.「世界のCEOは気候変動や格差にどう向き合っているのか」https://www.dhbr.net/articles/-/6247?page=2

09 カテゴリーリーダー | Category Leader

 定義と概要

あるカテゴリーの市場シェアでトップを維持することで、
下流チャネルや上流のサプライヤー市場を形成し、大きな利益と顧客ロイヤルティを獲得する。

◉──リーダーはメリットが大きい

カテゴリーのトップ企業は、事業規模も、消費者の支持もあります。その規模を活かして調達や生産などで有利なだけではなく、消費者とチャネルの支持を得られているために、取引の条件などでも優遇されやすい状況にあります。このように、コストの効率化と売上のさらなる拡大の両方を達成することができるのがカテゴリーリーダーの強みです。

◉──リーダーたる理由の自覚が大事

カテゴリーリーダーは大きなメリットを持つものですが、それだけでは十分ではありません。どの事業も一夜にしてリーダーになれるわけではなく、リーダーとなることを実現させた他の戦い方（価値提供）が必ずあります。リーダーとして得た便益を再投資して、その戦い方（価値提供）を強め続けることが大事なのです。

カテゴリーリーダーが、リーダーとしての地位に安住して、再投資を怠ることは、根源となる価値を失うことを意味します。そうなれば、カテゴリーリーダーとしての地位も脆弱になります。たとえば、競合の参入障壁として、自社のシェアを維持するためだけにブランドの数を増やしてしまうようなことがあっては、かえって、自社ブランドが希釈されてしまうこととなります。

> **！ POINT**
>
> 規模を活かして事業の優位性を維持、拡大する
>
> その規模を獲得する前提となった他の価値が必要
>
> カテゴリーリーダーとして得られる便益を再投資することで事業を通して提供する価値をさらに強めることができる

収益増の仕組み

　カテゴリーリーダーは、そのカテゴリー、地域における大きなシェアを有し、高いブランドの認知とコスト効率を実現しています。これにより、顧客がよりよい商品・サービスを、よりお手頃価格で得ることができるというのが基本的な価値です。カテゴリーリーダーは、その地位を活用してさらに業務効率や業務品質を向上させることで、いっそうの競争優位性を獲得し、カテゴリーリーダーとしての地位を強めます。

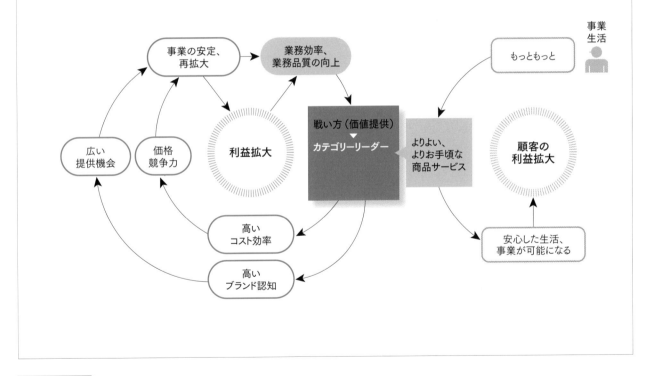

収入項目例　商品販売対価、サービス提供対価など

この価値が成立するための前提は？

1 カテゴリー内に、消費者から圧倒的に支持されるブランド（カテゴリーリーダー）が存在する

2 調達などにおいて、規模が大きいほど条件がよくなる環境が整っている

3 消費者からの支持の大きい（であろう）、ブランドを小売が厚遇する条件が整っている

必要なケイパビリティ

☐ マス向けの商品を生産、流通し、マーケティングを行う能力

☐ 当該カテゴリーのバリューチェーン、販売ルート内のプレーヤーとの関係性維持、取引状況の安定性を確保する能力

☐ ボリューム以外の自社の商品・サービスの戦い方（価値提供）を組織全体で明確に認識し、再投資し続ける能力

企業例 スーパーコンペティティターの多数　コカ・コーラ　ロレアル　スターバックス　ウォルマート　など

CASE STUDY **スターバックス**

　スターバックスは今でこそ世界有数のコーヒーチェーンであり、取り扱うコーヒーの量も圧倒的なものですが、創業当時においても、進出する地域でのシェア、カテゴリーをリードすることにこだわりを持っていました。そのため、スターバックスはいわゆるドミナント戦略の代表例と言われてきました。

　積極的に出店拡大を志向する時期においても、一定の市場規模、つまり、出店数を見込むことができる地域にしか出店しないことを明確にしています。

　これにより、市場でのブランディングを容易にし、規模の経済によりオペレーションの優位性を確保し、事業をより有利に展開することができるからです。

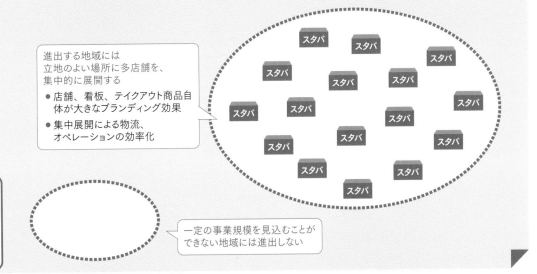

進出する地域には
立地のよい場所に多店舗を、
集中的に展開する

● 店舗、看板、テイクアウト商品自体が大きなブランディング効果

● 集中展開による物流、オペレーションの効率化

一定の事業規模を見込むことができない地域には進出しない

「可能であればそれぞれの市場において第一人者となることを目指した」
スターバックス元会長兼CEO
ハワード・シュルツ[62]

62｜ハワード・シュルツ著，ドリー・ジョーンズ・ヤング著，小幡照雄訳，大川修二訳，1998.『スターバックス成功物語』日経BP社

10 | 規制ナビゲーター | Regulation Navigator

 ## 定義と概要

政府の規則や監督の範囲内でうまく対応、もしくは影響を与え、
従来利用できなかった製品やサービスにアクセスできるようにする。

⊙───規制業種だからこそ成立する戦い方（価値提供）

　法律やその他の規制は、たいへん複雑でしかも時に応じて変化してしまうため、わかりにくいものです。事業の中には、公益性が高いなどの理由で、厳しい規制を受ける領域もたくさんあります。

　たとえば、銀行は開業するのに厳しい審査を経て免許を得る必要があります。その後も、業務の展開の範囲、あるいは業務の行い方などについて、監督官庁の監督を受けることとなります。その監督は、多くの法令だけではなく、監督の指針、あるいはマニュアルに基づいて行われます。規制ナビゲーターは、これらの規制を熟知していることで価値を創り出しています。

　規制や監督内容を熟知していれば、やってはいけないことが明確になります。メリットは、思わぬリスクを負わないだけではありません。実はやってもかまわない分野を見つけることができる場合があります。さらに、規制などの制定に協力することなどにより、新しい事業機会を創出することもできます。規制対象である市場でも通常の事業機会に加え、規制上創出される事業機会を素早く捉えて価値を提供することができるのです。

!POINT

規制が厳しく課されている分野において意味のある戦い方（価値提供）

規制や監督範囲を熟知しているだけではなく、規制、監督範囲の創出や変更に影響を与えることもあり得る

規制枠組みに変更があると、脆弱になりやすい

収益増の仕組み

　規制ナビゲーターは、特定の市場や業界における規制当局との関係や、規制とその適用の方向性の理解を活用して、顧客の事業を規制の範囲内で円滑に提供できるようにするという価値を提供します。規制ナビゲーターはその利益を、さらに、規制の理解や、関連する知見の蓄積、規制の内容や対応方法を顧客に指南するための能力の構築などに再投資することで、事業が持続可能になります。

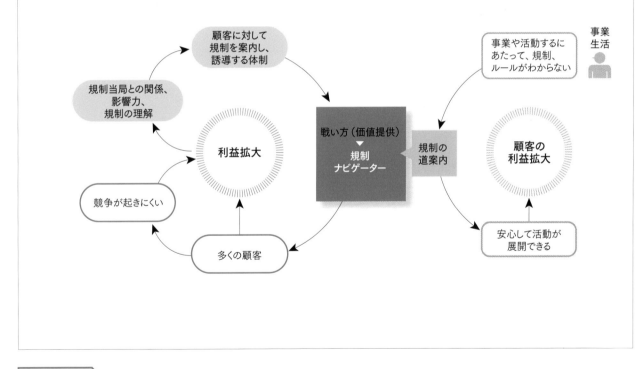

収入項目例 ▷ サービス提供対価など

この価値が成立するための前提は？

1 政府が事業活動の大半を管理・規制している市場、事業分野がある

2 市場や事業内容の進化が起きており、規制の調整が都度必要な状況である

3 当該市場において、多くの市場参加者や、関係者が存在する

必要なケイパビリティ

☐ 情報の取得や影響力の行使が可能となるような、監督官庁との広範かつ深いネットワーク

☐ 対象市場のあるべき姿などを構想し、今後の規制の方向性を提案する能力

☐ （監督官庁の理解も得た上で）許容される事業内容、事業展開の方法を自ら定義し展開する能力

☐ 規制や監督内容を、他の市場参加者に対して伝達し、順守を促す影響力

企業例 ▷ セメックス　PwCなどの監査法人　など

🔍 論点 │ **規制業種以外でも** │ セメックスの事例から[63]

　セメックスでは、セメントを販売するだけではなく、建築における規制対応の支援も行っています。この支援は地方自治体の工事においても提供されています。

　たとえば、Green Building Servicesにおいては、環境基準のLEED、BREEAM、Passivhausなどの主要な認証の手続きを行ったり、政府の補助金、助成金の獲得に関わるアドバイスや支援を行うこともあります。環境保護はたいへん重要な取り組み事項と認識されているものであり、政府の各種補助金を得れば、追加のコスト面での負担が緩和され、また、認証を取得すれば、資金調達やブランド維持においても意味があります。

　補助金や認証の取得には、関連する規制を理解し、手続きを進める必要があります。セメックスでは、本業の建築資材販売を超えて、関連する規制に関わるサポートも提供しています。

セメックスの役員が世界の10か国の業界団体のトップを務めました。これにより、同業他社と一緒に、環境配慮、健康と安全に関する基準、代替燃料などの重要な案件について取り組みを進めるように影響を及ぼすことができます。
（CEMEX 2018年Integrated Reportより）[64]

環境に配慮したセメントその他の商品の開発提供

＋

環境に配慮した建築の実現を全般的に支援するサポート
戦略的提携などにより提供

建築デザイン	**主要な環境認証の取得**
エネルギーマネジメント	● BREEAM（Building Research Establishment Environmental Assessment Method、イギリス） ● LEED（Leadership in Energy & Environmental Design、アメリカ） ● Passivhaus（ドイツ）
素材とソリューション	
認証	各国政府の補助金などの調査、申請支援

63 │ CEMEX, https://www.cemex.com/products-services/building-solutions/green-building-services, Accessed October 7, 2021
64 │ CEMEX, 2018, 2018 INTEGRATED REPORT, https://www.cemex.com/documents/20143/47890205/CEMEX2018_20F.pdf/6ab445dd-8d16-80b2-de1d-0e5a45f47158, Accessed January 19, 2021

11 | リスク吸収者 Risk Absorber

 定義と概要

顧客のために、市場その他各種リスクを軽減または引き受ける支援を提供する。

◉──取りたくないリスクを引き受ける存在

　リスクを取らなければリターンを得ることはできない、とは言いますが、事業の利益の根源につながらない、取る必要のないリスクは最小化したいものです。たとえば、メーカーが工場に火災保険をかける、養うべき家族のある人が生命保険をかける、保有株や為替が価格変動からの影響を受けないようにスワップを組む、これらは、本来は取りたくないリスクから解放されるための取引です。

　リスク吸収者は、対価を得て、これらのリスクを吸収しています。これにより、事業を行う主体は、事業の推進と自分が気にするべきリスクの管理に集中することができます。

◉──リスク管理のアプローチ

　リスク吸収者が行うことは、リスクの管理です。リスクには、相殺が可能で、集めることで一定の管理が可能になるリスク（たとえば為替などの相場のあるもの。為替であればある通貨の買いと売りを合わせればリスクはなくなる）と、同じ方向を向いていて集めるとリスクが大きくなるリスク（たとえば、ケガ、死亡、火災、盗難など）があります。前者の場合には適切なバランスで集めること、後者の場合は、そのリスクを熟知していることや、統計的に妥当だと思われる金額を皆から集めてリスクを広く浅く分配することによって管理しています。

！POINT

人生、生活、事業その他において発生するリスクが現実化した際に損害を補填

いざというときの備えを提供すると同時に、不安を取り除く役割を果たす

リスク管理の方法は、そのリスクの内容により異なるが、概ね統計的なアプローチを取る

収益増の仕組み

　リスク吸収者は、顧客が生きていく上で、あるいは、事業を運営するにあたって取る必要がないリスク、取りたくないリスクがある場合にそのリスクを吸収します。リスク吸収者は、そのリスクを上手に管理したり、管理コストを効率化したり、あるいは、将来はリスクが発生したときの支払いのための原資を運用したりすることで利益を確保します。利益をさらに、リスクの管理方法を高度化することなどのほか、顧客のリスクの理解などに投資することで事業が持続可能になります。

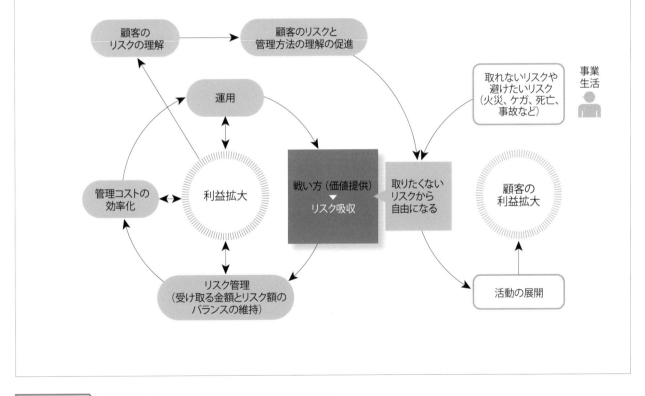

収入項目例 保険料などのサービス提供対価、運用収益など

この価値が成立するための前提は？

1 特定のリスクを取りたくない、あるいは管理したいというニーズがある

2 当該リスクの管理の手法、技術が存在する

3 当該リスクの管理が違法、あるいは公序良俗に違反するものではない

必要なケイパビリティ

☐ 想定されるリスクの大きさを定量化し、その管理を行う能力

☐ 想定リスクとリスクの引き受け方法、手数料とをバランスさせ顧客を獲得する能力

☐ 引き受けたリスクの管理を、リスクの引き受け部門とも密接な連携の上で徹底する能力

企業例 ＞ 多くの保険会社　　ナチュラ　　など

論点 | **新しいリスク吸収者** | ナチュラの例

　ブラジル発の自然派のパーソナルケア大手、ナチュラの顧客は自然志向であり、アマゾンや地球環境に高い関心を持っています。

　ナチュラは欧米日の世界最大手の同業他社のように研究所中心の研究開発では商品開発で太刀打ちできないこともあり、アマゾンに着想や原材料を求めてきました。また、ナチュラが事業を行うことによって、よりアマゾンと地球環境の保護が進むように積極的な取り組みを進めています。

顧客
自然由来のパーソナルケア商品を使いたいが、アマゾンの豊かな自然を壊したくはない

ナチュラが未来のアマゾンと地球環境へのリスクを遮断

環境配慮：既存製品よりも環境負荷が少ないという要件を満たさなければ商品は販売しない

アマゾンプログラム（2011-）

エコパーク熱帯雨林の真ん中で自然と共生できる工場

アマゾン由来の原材料の購入引き上げ

アマゾン各地の共同体からの調達の拡大

リサイクル済みあるいはリサイクル可能な包装容器、材料を活用（リフィル提供1983-）

動物実験の廃止（2006-）

二酸化炭素排出量の削減（カーボンニュートラルプログラム2007-）

「私たちは関係者と、強力かつ大規模なネットワークを築いており、少しずつ、1日ずつ、社会全体で同じ価値観を持つという目標を達成しているのです」
ナチュラCEO
アレッサンドロ・カルルッチ[65]

65 | フレデリック・ラルー著，嘉村賢州解説，鈴木立哉訳，2018.『ティール組織—マネジメントの常識を覆す次世代型組織の出現』英治出版

12 | 業界の再編者 |Consolidator

定義と概要

買収による業界変革を通して、消費者に手頃な価格の商品・サービスや、
従来利用できなかった商品・サービスへのアクセスを提供する。

⊙──非効率の業界の再編者

業界の再編者とは同業のライバルや、同業界内の複数企業を買収し、規模や総合力の劣る企業が提供できないようなアクセス、技術、価格を顧客に提供することを目指すものです。

したがって、業界の再編者は、小規模の企業が多く存在しており、規模や範囲が狭いために提供される商品やサービスが顧客のニーズに合っていない市場などをターゲットとします。

⊙──再編後の業界のビジョンの構想者

単に買収をすればよいというものではありません。買収をするべき対象の業界は、再編をする意味のある非効率などがある場合で、再編後は複数の企業、事業を統合することで、業界を再編し、効率性を上げることが期待されます。たとえば、資金力を集中させて商品・サービスを開発すること、あるいは、調達先、チャネルに対する交渉力を拡大させ、顧客接点を拡大、効率化することなどで、事業の効率性を高めて収益を拡大し、顧客満足度の向上によって売上を拡大することができます。

業界の再編を行おうとする場合には、これらの業界に対するビジョンを持っていることが重要です。

！POINT

ロールアップ型で同業種の事業を複数買収

買収後の業界内、ステークホルダーとの力関係を変化させることで、収益性、安定性などを確保する

業界のより効率的効果的なあり方についてのビジョンを持つ

収益増の仕組み 業界の再編者は、特定の業界における改善余地を特定して、買収などを通じて業界を再編することで、新しい価値として提供します。業界に関する知見や、改善余地の特定の視点、事業を買収して実際に事業を再編していくための能力に支えられます。再編した事業から得られる利益や知見を、持続可能性の源泉とします。

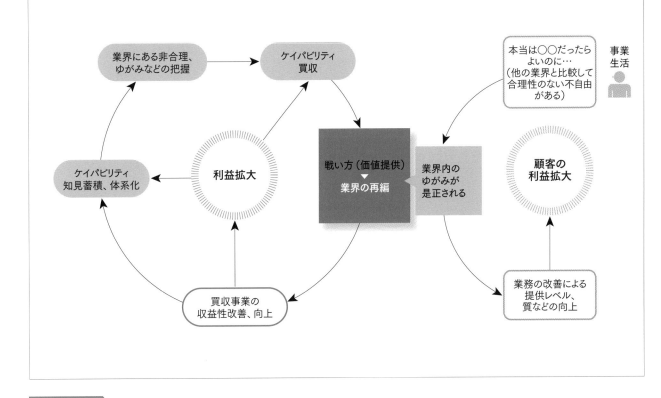

収入項目例 事業の利益、株主配当など

この価値が成立するための前提は？

1 規模や範囲の経済が効果的である再編対象市場がある

2 当該業界に、経営の不振、後継者問題など買収が成立する条件が整う企業が多くある

3 投資先を探している資金がある

必要なケイパビリティ

☐ 再編対象となる市場を見極める能力

☐ 買収後に、細分化された事業を共存させずに実質的な再編を進められる能力

☐ 再編による、収益性への想定されるインパクトに見合った条件での買収を進めることができる能力

☐ 有利な条件での資金調達能力

企業例[66 67] ➤ ダナハー ｜ 買収によってプラットフォームを構築・維持する多くのテクノロジー企業* ｜ など

＊アップル、グーグル、マイクロソフト、オラクル等

66 ｜ PwC, "Danaher's Instruments of Change" strategy＋business, https://www.strategy-business.com/article/Danahers-Instruments-of-Change?gko=12606, 2021年10月26日閲覧

67 ｜ Danahar, "2017 INVESTOR & ANALYST DAY", http://filecache.investorroom.com/mr5ir_danaher/459/2017%20Danaher%20Investor%20%26%20Analyst%20Event.pdf, 2021年10月27日閲覧

68 ｜ CEMEX: GLOBALIZATION, Donald R. Lessard and Cate Reavis, 06/11/2016. "THE CEMEX WAY" MIT Sloan, https://mitsloan.mit.edu/sites/default/files/2021-01/CEMEX.IC_.pdf, Accessed October 26, 2021

69 ｜ Latin American Financial Publications, Inc., 2002, "An Intercontinental Mix". https://www.latinfinance.com/magazine/2002/april-2002/an-intercontinental-mix, Accessed January 21, 2021

🔍 論点｜**グローバルレベルでの業界再編**｜セメックスの事例から[68]

　セメックスは、メキシコから、買収を通じてグローバル最大手の一角を占めるまでに成長しました。当時、グローバルのセメント大手各社が成長著しい途上国のセメントビジネスの買収を進めていたところに、セメックスもメキシコから参加したのです。セメックスはただ買収を進めるだけではなく、CEMEX Way（現在のOne CEMEX）という事業の運営方針を決めて、買収したビジネスに当てはめ、事業効率の改善を果たしました。

　これにより、何度か難しい局面がありながら、それを乗り越え、世界規模でセメント業界を再編しつつ、ビジネスを拡大させてきたのです。

「メキシコのような発展途上の国から、グローバルに展開しようとすると、高度なマネジメントの技術を取り入れ、物事をうまく進めなければなりません。多くのセメント企業が共通の文化やプロセスを導入する努力をせずに、買収を行い、結果を出せずに終わったのを見てきました」
セメックス会長兼CEO（当時）
ロレンゾ・サンブラーノ[69]

セメントのグローバル展開

メキシコ国内
1960年代から、複数のメキシコ国内の拠点を買収して成長

中南米＋スペイン
● 1992年以降、買収推進

北米進出
● 1992年以降、買収推進
● 2000年には北米セメントトップに

アジア太平洋進出
● 1996年以降、東南アジア各国で、2007年オーストラリアで買収推進

業容拡大

生コン
● イギリスのRMCグループ買収
● 生コンでのグローバルトップに

13 ｜ 中抜き Disintermediator

 定義と概要

バリューチェーンの一部の回避を実現し、商品・サービスの価格低下や追加的な価値提供を行う。

⊙──業界構造の変化に伴い出現した価値

中抜きとは、文字通り、流通経路で供給者と最終顧客（消費者など）との間にあるステップを除いていくことです。たとえば、従来は多くの小規模な生産者と、多くの小規模な小売店をまたがって縦横無尽に商品を流通させるために、複数の中継点を通す必要があり、そのため、地元の卸売業者が活躍していました。当然、各ステップごとにマージンが上乗せされるため、最終顧客にとっては間に入る業者が多いほどに価格は割高になります。

市場環境の変化に伴い、従来は役割を果たしていた中間ステップの意味が希薄になっていくことがあります。大手メーカーが大手小売との取引をするだけであれば、必ずしも卸を通さなくてもよくなってきてしまったのです。このような場合、バリューチェーンの垂直統合による効率化、あるいは、生産者と消費者の間のトランザクションコストの低減を目指す「中抜き」が成立します。

⊙──中抜きの後が問題

中抜きは中間ステップを除くことで効率性を上げ、消費者に、価格やその他の価値にして還元するところにポイントがあります。中抜きした後に、中間流通などの果たしていた役割をより効果的、効率的に代替できない場合には、そもそもの価値提供が成立しないことに留意しなければなりません。

！POINT

供給者と最終顧客との間のステップを除いていくのが中抜き

歴史的に必要であったステップが環境や技術の変化に伴って不要となった状況に対応するもの

中抜き後に、消費者に価格などの価値を還元するために、従来の流通よりも効率が上がることが必要

収益増の仕組み

中抜きは、顧客に商品・サービスを届けるまでに関係する中間の関係者が担っていた業務を自ら、より効率的に担うことで生まれる価値を提供するものです。通常は中抜きによる価値は、削減されたコストを顧客に還元（値下げ）するか、付加価値向上に投資するかの2つのアプローチに分かれます。初期に中抜きで得られた同業他社とは異なる条件から得られる利益を、業務効率の向上、あるいは質の向上に投資することで、事業の持続可能性が確保されます。

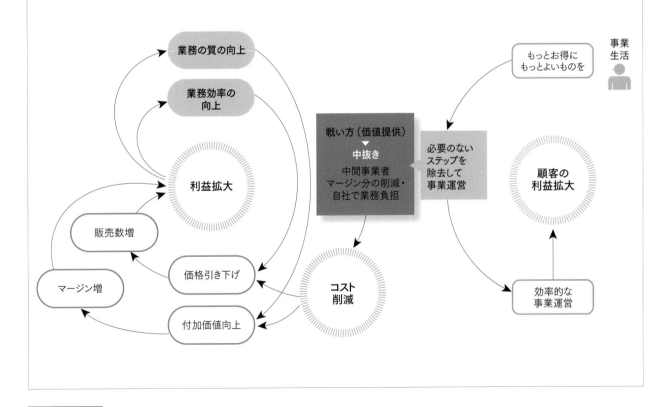

収入項目例 商品販売対価、サービス提供対価など

143

この価値が成立するための前提は？

1
バリューチェーンが長く、役割を果たしていないステップがあるなど、一部を回避する余地がある

2
中抜きを実現するバリューチェーンの柔軟性、あるいは、変革への緊急性が出てきている

3
中抜きによる消費者・顧客への価値の還元が歓迎される環境にある

必要なケイパビリティ

☐ 中抜きをした企業よりも効率的な事業運営を行う能力（例：日本で卸売事業者が依然として大きな価値を提供しているのは、物流における効率性をメーカーや小売が代替できないから）

☐ 価格その他の価値として、最終顧客に還元する方法を考案できること

☐ 過去の関係性などではなく、是非で取引関係を定められること

企業例 〉 イケア　トイザらス　D2C*　など

＊Direct-to-Consumer、メーカーによる消費者への直接販売

論点｜中抜きする場合、しない場合｜アマゾンの事例から[70]

　アマゾンは、1995年にインターネットの専業書店として創業しました。当初は、出版社と書店をつなぐ取次に依存して、在庫を持たないようにしていたアマゾンでしたが、取扱量が増えると取次からの書物の納品を待つ時間がネックになり始めました。

　そこで、1997年、アマゾンは倉庫容量を大幅に拡大し、注文を受けた日に95％の本を出荷できる体制を整えました。これによりアマゾンは、ほとんどの本の在庫管理と流通を自ら行うことができるようになり、状況によっては取次を介さずに直接出版社と消費者をつなぐこともできるようになりました。

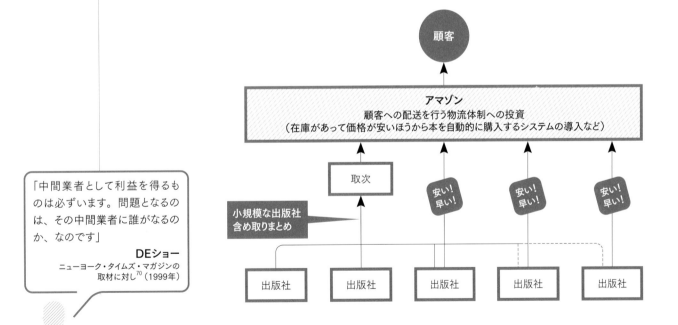

「中間業者として利益を得るものは必ずいます。問題となるのは、その中間業者に誰がなるのか、なのです」

DEショー
ニューヨーク・タイムズ・マガジンの
取材に対し[70]（1999年）

70｜リチャード・ブラント著，滑川海彦解説，井口耕二訳，2012.『ワンクリック—ジェフ・ベゾス率いるAmazonの隆盛』日経BP社

14 | プラットフォーマー | Platformer

 ## 定義と概要

複数の商品・サービスの提供者などをひとつの共通経験のもとに集約し、
ワンストップサービスの利便性を提供する。

⊙──「場」の魅力で収益を拡大する

　ここでは、プラットフォーマーとしましたが、同じビジネスモデルを英語で表現する場合は、「アグリゲーター」が用いられるのが一般的です（英語の「aggregate」は「集合する、集める」の意味）。提供する経験の共通性が大きい小規模なサービスが複数存在しているとき、それらを1つに集めることで顧客にワンストップの利便性を提供するのがアグリゲーターです。消費者が、物品、空室やサービスを直接取引する「ピアツーピア（P2P）」のeコマース事業もこれにあたります。

　収益源としては、消費者から得られる販売収入、利用手数料のほか、出店者が支払う手数料や、ユーザーに対して広告を出す場合は広告料などがあります。いずれも、「場」としての魅力度を高めることで収益の拡大を図ります。

⊙──「リソース分配者」との違い

　よく混同されるのが「リソース分配者」です（→次項参照）。これは、共通の資源を有するプレーヤーに対して資源の適切な分配を行うサービスのことです。いわば、「需要」を集めるのがリソース分配者であるのに対し、「供給」を集めるのがプラットフォーマー（アグリゲーター）なのです。

! POINT

分散して存在する小規模なサービスをワンストップで選択、提供する「場」を創出する

提供されるサービスや商品の量を増やし、魅力を高めることで、「場」としての魅力度を高める

「場」を継続的に利用する人の数や、それぞれの活動量を増やすことも、収益増へのカギとなる

収益増の仕組み プラットフォーマーは、消費者や顧客が商品やブランドを購入、活用、管理する際の共通の基盤を提供します。商品・サービスはときに、多くの選択肢があったり、活用管理に手間がかかったりしますが、これらを簡単にする「場」を提供するというのがプラットフォーマーの基本的な価値です。プラットフォーマーは、多くの顧客を集めることで、その顧客から、あるいは、その顧客相手にビジネスを行うサプライヤー、広告主から利益を得ます。ここから得た利益でさらにその「場」を充実することにより、プラットフォームの持続可能性が担保されます。

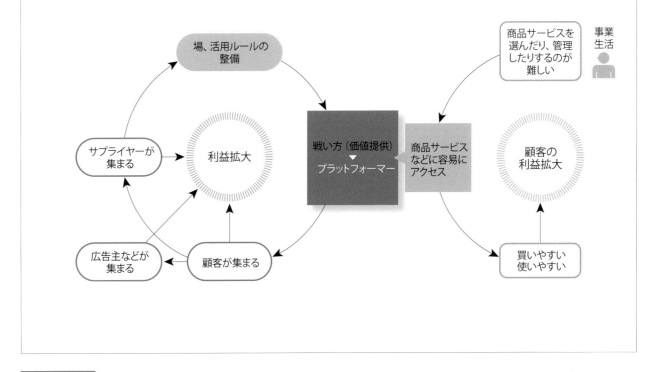

収入項目例 販売手数料、プラットフォームの活用手数料（出店料、会員費など）、広告収入など

この価値が成立するための前提は？

1　提供する経験が似通っている複数の小規模な事業主体が分散して存在している

2　需要と供給が安定せず、消費者はより幅の広い合理的な選択を、小規模な事業主体はより広いリーチを求めている

3　最終消費者が気にする、標準的な指標（価格、機能の基準など）がある程度定まっている

必要なケイパビリティ

☐ 消費者の意識、行動と、その変化を把握する能力

☐ 小規模な事業提供者を集約した「場」を設計し、その魅力をつくり出す能力

☐ 手数料などの「場」の設計、「場」への事業主体の誘致、「場」における消費者の活動を活発化させる仕組み、それぞれのバランスを確保しながら推進する能力

企業例 ＞ アマゾン ｜ アップル[*1] ｜ ピアツーピアのeコマース事業[*2] ｜ Youtube ｜ など

＊1　App Store、iTunes
＊2　消費者が部屋、車、物品、サービスなどを取引できるようにする各種サービス

71 | AppleVideoArchive, 2012. "Macworld 2001 San Francisco", January 1, 2012. YouTube, https://www.youtube.com/watch?v=AnrM4n6S3CU, Accessed September 14, 2021

アップル

　iTunesは、2001年に発表された、音楽をはじめとしたデジタルコンテンツのプラットフォームのサービスです。日本では、2005年からサービス提供を開始しました。

　アップルの当時のCEOスティーブ・ジョブズは、2001年当時、1994年前後までがパソコンの生産性の黄金期（パソコンの1回目の全盛期）、変わってインターネットの時代（パソコンの2回目の全盛期）、その後、デジタルなライフスタイルの時代になるとしていました。その上で、アップルがデジタルハブを暮らしに持ち込む企業となり、デジタル機器に付加価値をつけるだけではなく、それらを互いに結び付けるものとなるという構想を示していました[71]。

　iTunesはこの構想を具現化するものとして提供されたのです。

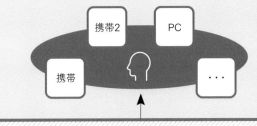

アップルの商品は「出現しつつあるデジタルなライフスタイルのデジタルなハブになる。……単にデジタル機器に付加価値を与えるだけではなくそれらを互いに結び付けるものになる」

アップル共同創業者・元CEO
スティーブ・ジョブズ[71]
（2001年）

15 | リソース分配者 |Resource Distributor

 **定義と概要**

経営資源やインフラを共有する仕組みを運営し、監督する。

◉──**資源を公平、効率的に分配する**

　世の中には、多くの人で共通に保有される資産があります。税金を使って皆で整備した電気、ガス、水道、公共交通機関などの公共インフラはこれにあたります。あるいは、皆で作り上げたデータベースなどもこれにあたるかもしれません。

　これらの共通資産は皆が使いたいものですが、何らかのルールがなければ、分配や利用は無秩序なものとなってしまいます。リソース分配者は、これらの共通資産を管理して、長く使うことができるように、公平に利用を管理する役割を担い、「プラットフォーム・プロバイダー」とも呼ばれます。生活の基本的なインフラであるなどの場合、資産によっては、管理者たる企業にはさまざまな規制が課されます。

◉──**大切な資源・資産を分配する立場としての自覚が大事**

　リソース分配者は、従来は、公的な資産について、その持続的な管理と公平な分配を行う役割でした。近年、公的な資産だけではなく、より広い資産に対するアクセス、参加をコントロールするリソース分配者も生まれています。たとえば、アーティストや、より一般的な活動を支援するためのクラウドファンディング、ファンクラブ、愛好者の会など、デジタル化に伴い、さまざまなリソース分配者が生まれています。

！POINT

共有資産の管理者という暗黙の役割を担っている

何が共通資産となるかは変化し得る

事業運営における公平性を規制等により求められることも多い

収益増の仕組み

リソース分配者は、消費者や顧客がエネルギーや希少な資源などに公平にアクセスすることができるように確保します。多くの人が必要とするものに対し、一部の人しか容易なアクセスが確保されていない場合に、公平かつ安定的なアクセスを可能にするというのがリソース分配者の基本的な価値です。リソース分配者は、資源へのアクセスを可能にする一方で、その利用のための対価を、利用者、あるいは政府などから得ます。ここから得た利益を、資源の管理や、分配に活用することにより、事業の持続可能性が担保されます。

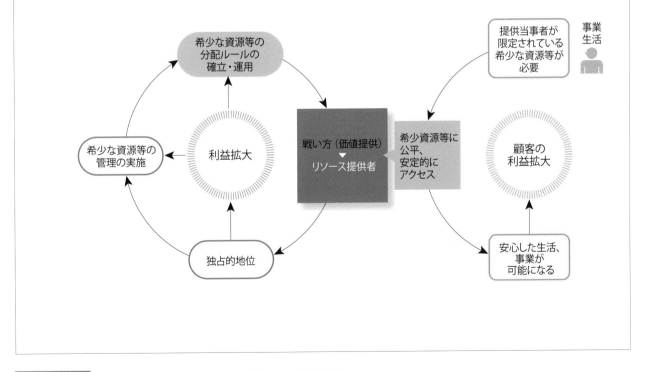

収入項目例 商品販売対価、サービス提供対価、分配手数料など

この価値が成立するための前提は？

1	共通の資産がある

2	資産の利用に関しては平等性などの一定の管理が要求されている

3	（公的資産の場合）国や公的機関ではなく、民間に事業を委ねるという判断がなされている

必要なケイパビリティ

☐ 公平性を持って事業運営を行う体制、文化、意識が浸透していること

☐ 継続的にプラットフォームへの投資などを行うことにより、サービスの持続可能性を確保し得ること

☐ 当該事業主体の公平性や持続可能性についての評判を確立し、維持し続けられること

企業例 ▷ 　電力会社　　　レゴ　　　マイクロソフト（ウィンドウズ）　　など

CASE STUDY **レゴ**

　レゴ社は、レゴブロックの販売で有名ですが、最近ではブロックの販売のみならず、レゴのファンのコミュニティをプラットフォームとし、レゴを使った創造的な遊びの文化を広げることを目指しています[72]。

　その取り組みは1980年代からレゴのコンテストの開催などさまざまな形で進められてきましたが、プログラミングを使うマインドストームの発売において自然に形成されたコミュニティと連携した開発が行われたことなどにより、徐々にその活動は広がり、今ではレゴの価値提供の大きな要素になっています。

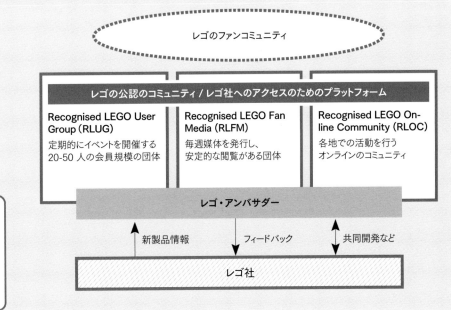

「設計段階のマインドストームの開発を手伝ってほしいと言われるなんて、夢にも思っていませんでした。跳び上がるほど嬉しかった」

新製品の共同開発を依頼された愛好家[73]

72 ｜ LEGO, The Lego Ambassador Network, https://lan.lego.com/forums/forums/overview/, Accessed October 7, 2021

73 ｜ デビッド・ロバートソン著，ビル・ブリーン著，黒輪篤嗣訳，2014.『レゴはなぜ世界で愛され続けているのか──最高のブランドを支えるイノベーション7つの真理』日本経済新聞出版社

戦い方（価値提供）の基本要素一覧

商品・サービス自体の価値で戦う

基本要素	概要	掲載事例	その他の事例
01 バリュープレーヤー	商品やサービスをお得な価格で提供する	アマゾン	イケア ウォルマート　など
02 プレミアムプレーヤー	高級（品質や知覚価値）な商品やサービスを提供する	アップル	高級車メーカー リッツ・カールトンなどの高級ホテルチェーン 高級アパレルブランド　など
03 経験の提供者	楽しさ、安心感、ドキドキ、夢の世界などの一定の経験を提供する	スターバックス	アップル イケア レゴ マクドナルド（楽しい屋内運動場を、「ハッピーセット」の価格で提供） ナチュラ　など
04 カスタマイザー	消費者や顧客の個別のニーズに応じた商品やサービスを提供する	インディテックス	バーガーキング（「ハヴ・イット・ユア・ウェイ」キャンペーン） マクドナルド フリトレー（小売店に合わせた品揃え） ハイアール　など
05 ソリューション提供者	顧客の困りごとに対する解決策となる商品やサービスを提供する	セメックス	ハイアール コマツ　など

新たな価値を提示して戦う

基本要素	概要	掲載事例	その他の事例
06 イノベーター	斬新で創造的な商品・サービスや、業務プロセスの革新などにより新しい価値を提供し続ける	インディテックス	アップル ハイアール ほしのや　など
07 ファストフォロワー	イノベーターの土台、アイデアを利用し、商品・サービスやその提供方法を素早く実現し、より手頃な価格で、より広い消費者に提供する	アップル	グーグル（アンドロイド） 中国の山寨企業（革新的なコピー商品メーカー） ヒュンダイ　など
08 評判プレーヤー	信頼できる商品・サービス提供者として、顧客から高い対価や特別なアクセスを得ている	ナチュラ	ボルボ（2010年に中国の吉利汽車がボルボを買収したとき、ボルボの安全性に対する評判が魅力的な要素であった） タタ　など

ゲームのルールを活用して戦う

基本要素	概要	掲載事例	その他の事例
09 カテゴリーリーダー	あるカテゴリーの市場シェアでトップを維持することで、下流チャネルや上流のサプライヤー市場を形成し、大きな利益と顧客ロイヤルティを獲得する	スターバックス	スーパーコンペティター―の多数 コカ・コーラ ロレアル ウォルマート　など
10 規制ナビゲーター	政府の規則や監督の範囲内でうまく対応、もしくは影響を与え、従来利用できなかった製品やサービスにアクセスできるようにする	セメックス	PwCなどの監査法人　など
11 リスク吸収者	顧客のために、市場その他各種リスクを軽減または引き受ける支援を提供する	ナチュラ	多くの保険会社　など

ゲームのルールを変えて戦う

基本要素	概要	掲載事例	その他の事例
12 業界の再編者	買収による業界変革を通して、消費者に手頃な価格の商品・サービスや、従来利用できなかった商品・サービスへのアクセスを提供する	セメックス	ダナハー 買収によってプラットフォームを構築・維持する多くのテクノロジー企業（アップル、グーグル、マイクロソフト、オラクル等） など
13 中抜き	バリューチェーンの一部の回避を実現し、商品・サービスの価格低下や追加的な価値提供を行う	アマゾン	イケア トイザらス D2C（Direct-to-Consumer、メーカーによる消費者への直接販売）　など
14 プラットフォーマー	複数の商品・サービスの提供者などをひとつの共通経験のもとに集約し、ワンストップサービスの利便性を提供する	アップル	アマゾン ピアツーピアのeコマース事業（消費者が部屋、車、物品、サービスなどを取引できるようにする各種サービス） Youtube　など
15 リソース分配者	経営資源やインフラを共有する仕組みを運営し、監督する	レゴ	電力会社 マイクロソフト（ウィンドウズ）　など

ケイパビリティ（組織能力）

それを具現化する能力が組織にあるのか？

ケイパビリティとは何か

　ケイパビリティ（Capability）とは、英語で能力、才能、素質、手腕などを意味します。たとえばサッカーで上達するためには身体能力や技術力、知力、コミュニケーション能力、精神力、経験など多くの「ケイパビリティ」が必要になります。これらの組み合わせがプレーヤーの個性になります。さらに個々の選手のケイパビリティ、トレーニング設備、ノウハウ、資金力、その他の資産の有無と、その活用が組み合わさり、チームのケイパビリティができあがります。

　勝つために有効なケイパビリティすべてを高い水準で揃えることができれば心強いですが、多くの場合、基本的なケイパビリティを整えることがまずひと仕事。そこから、自身の強みを磨くことになります。持てる時間と人数はどのチームも同じです。弱みを克服しつつ、強みとなるケイパビリティを高めることに思考実験と試行錯誤を繰り返します。対戦相手のチームの強みや特徴に合わせて、勝ち方と必要なケイパビリティを練っていきます。戦略を実現するためには、必要となるケイパビリティを必要な方向に十分に開発、構築しなくてはなりませんし、逆に、開発することができないケイパビリティを前提に勝ち方を想定していた場合には、勝ち方を再度見直さなくてはなりません。

　ビジネスモデルも全く同じです。個々人の能力が集まり、組織内のチームの能力となり、チームとその他の資産がすべてつながり、連携することで、組織自体のケイパビリティができあがります。事業の「勝ち方」が、価値提供であるとすると、価値を提供するためのケイパビリティを確立することによってはじめて、その勝ち方を実現することができるのです。

　ビジネスモデルのケイパビリティは、「事業の持てる資産を組み合わせ、活用する能力」と定義されます。資産には資金、人財、設備、技術、知見、ブランドなど多くのものが含まれます。価値提供に必要なケイパビリティを考える場合には、プロセス、ツールとシステム、知識・スキル・行動、組織、と大きく4つに分けて考えると考えやすいでしょう[74]。

---

74 | 入山章栄，2019.『世界標準の経営理論』ダイヤモンド社

プロセス

知識・スキル・
行動

ケイパビリティ

ツールと
システム

組織

　人間の筋肉が多くの器官と連動して動くように、ビジネスのケイパビリティも、筋力のように直接的かつ中心的に働く能力に加えて、指令を出したり、調整したり、あるいは支援したりする能力が連動して働きます。たとえば、商品開発が強く次々に独創的な商品を提供するビジネスを考えてみましょう。開発能力が中心となるケイパビリティだとしても、市場や技術情報の収集分析能力、開発した商品の製造に必要な材料を調達生産し運搬する能力、商品を適切なルートで顧客に届ける能力、商品の独創性の中身を最大限にアピールする能力など多くの能力が連携することで、ひとつの能力体系を構成します。

　このようにケイパビリティは複雑かつ繊細なものです。他とは違う、真似のできないケイパビリティ体系を構築することができれば、競合が出現しにくい環境をつくることにもつながります。同じ価値を掲げるビジネスがたくさんあっても、よりよく、より適切にその価値を顧客に提供できるビジネスが選ばれます。ケイパビリティこそが、本質的で長く続く差別化を実現するのです。

ケイパビリティと機能

　日本のコンビニエンスストア（以下コンビニ）業態の大手のセブン-イレブン・ジャパン（以下、セブンイレブン）はドミナント戦略をとっていると言われます。ドミナント戦略というのは、一定地域に多くの店を集中的に出し、圧倒的な存在感を獲得する戦略を指します。その地域の中でのブランドの認知度が上がり、それが自然な広告効果となって、採用、価格などにおいて優位性を持つことができるようになります。そう考えると、セブンイレブンの最も重要なケイパビリティは店舗開発（フランチャイジーの獲得）能力であると思えますが、実は、それだけではありません。

　1970年代、セブンイレブンは大規模店舗に圧倒される小規模な地域の小売店を、自社のフランチャイズとして新しく再生させることを目指していました。地元密着した店舗と、全国規模の優れた商品と運営手法、という矛盾しやすい2つの価値を両立させることができれば、「買いたいものがいつでも近くにある」という利便性を安定的に実現でき、たいへんな競争力を持ちます。セブンイレブンはコンビニの特徴である物流システム、フランチャイズのコントロールといったケイパビリティに、業務の分析能力を付加して、差別化されたケイパビリティ体系を構築しました。

　コンビニの店舗は幅広いカテゴリーを扱いますが、倉庫を小さく店舗のスペースを可能な限り広くとっています。このため、売り逃しを防ぐためには、頻繁に商品を店舗に補充する必要があります。その補充をメーカーや卸がバラバラに行えば店舗運営が複雑になります。そのため流通センターによる一括納品後、多品目を温度帯別に混載して高頻度で店舗に配送する物流システムを構築しました。

　また、ドミナントはただ同じ看板を掲げていれば成立するものではなく、同じ看板を掲げている店においては、同じショッピング体験が提供されるように店舗が運営されている必要があります。商品の並べ方、店舗のオペレーション、その他の店舗運営を支え、統制を確保するのは、本部のフィールドサポートによる店舗の経営指導です。セブンイレブンでは、大規模なフィールドサポート陣容を構築し、上手に活用することで店舗運営の質を高く維持しています。

　システム面では、1982年にはすでにPOS（販売管理）その他のシステムを開発し、店長の業務の支援ツールとして整備を行いました。またシステムを通じて収集した情報を、分析し、フィールドサポートの店舗指導や発注管理に活用しています[75]。

75｜三谷宏治著，2014.『ビジネスモデル全史』ディスカヴァートゥエンティワン

　ケイパビリティと機能の関係はよく誤解されます。機能がケイパビリティとなることはありますが、価値の提供に意味があるのは、各機能を超えて連携する、複数のケイパビリティから構成されるケイパビリティ「体系」です。

　セブンイレブンのケイパビリティを機能で分ければ、物流、店舗管理、情報システムとなるかもしれません。しかし、単独の機能が個別に存在するだけではビジネスは成立しません。すべてのケイパビリティがかみ合って、生活に身近な小さな店舗を効率よく運営することで、顧客にとっての意味を持ちます。機能単独で考えるのではなく、機能が合わさった能力がケイパビリティです。そのケイパビリティが体系になって、価値を提供します。

　そういう意味では、機能別組織を採用する企業において、各機能が予算をとりあう状況にあるのは本質から外れていると言えます。ケイパビリティ構築と予算配分については後述しますが、物流、開発その他の特定の機能だけに投資をしてビジネスモデルが成立することはほとんどありません。むしろ、機能横断的なケイパビリティ体系を構築することが必要である以上は、投資もそのようにあるべきです。

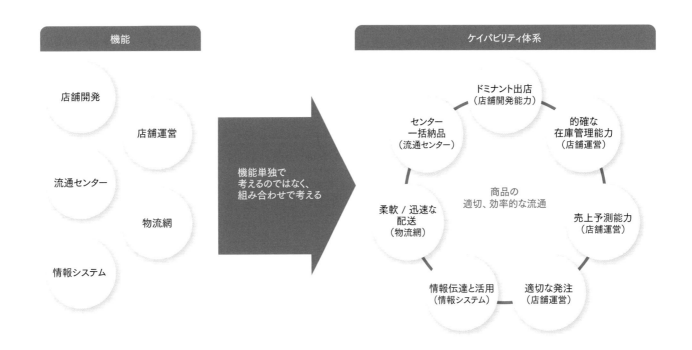

同じように見えて違うケイパビリティ

　ケイパビリティを機能で考えると、一般化がしやすく、議論しやすい面もあります。〇〇は物流が強い、営業が強い、サプライチェーンを強めるのが目標だ、など、機能で考えるのは大くくりでわかりやすいのですが、この場合に注意しなくてはならないのは、自社のケイパビリティを定義し、構築するためには、機能を数段階深掘りし、具体的に表現、実現する必要があることです。

　たとえば、本書で取り上げた7社の中ではインディテックス、ナチュラ、アマゾンのいずれも「物流」に関連した強みを、自社を差別化し得るケイパビリティとして、投資し、構築しています。しかし、よく見てみると、同じ物流と言っても、3社で取り組み内容が異なります。

　インディテックスは、トレンドのファッションをできる限り早く店頭に届けるために、オペレーションを組み立てています。インディテックスは、トレンドや消費者の好みをより正確に予測して提供することを価値提供としていますが、それは、情報とモノの流れのスピードを最大化することにより支えられています。世界中の店舗から本社に発注が集められ、最短1時間で物流センターに供給指示が送られます。次に、各物流拠点は8時間で商品発送の手配を完了し、欧州以外の大都市の場合は、構築した航空便ネットワークにより48時間以内に店頭に到着します。

　ナチュラも、迅速な品質の良い物流のためにブラジル国内で自社の物流ネットワークを構築していますが、目的は自社のダイレクトセールスのコンサルタント（営業員）が顧客と築いた信頼関係を損なわないような商品提供をするためです。そのため、物流網の運営においては、必ずしも最速であることではなく、信頼関係を裏付けるための品質及びスピードに関わる確実性を確保することを目指しています。

　アマゾンは、極めて多種の品目を取り扱っているため、極めて多数の消費者に対する多品目少量出荷を低コスト高スピードで行う必要があります。現時点では、配送は多くを外部に委託していますが、倉庫内のユニークなプロセスやシステム、自動化の導入などは常に話題になっています。

　このように、物流を自社の強みとして構築しようという場合、そのビジネスによって、全く違うものを指す可能性があるのです。

物流に関連する
ケイパビリティ

インディテックス

ナチュラ

アマゾン

	インディテックス	ナチュラ	アマゾン
ケイパビリティ	最新の流行に敏感な商品を提供するため機敏に反応する製造、オペレーション能力	ダイレクトセールスチャネルを支えるオペレーション能力	スムーズで快適なショッピング体験を支えるバックエンドのサプライチェーン能力
概要	多数の国の大都会の店舗に可能な限り速く、良い品質で商品を届けるための物流ネットワーク	多数のコンサルタントに多様な商品を良い品質で届けるための物流ネットワーク	極めて多種多様な商品を消費者に迅速に届けるための物流ネットワーク
特徴	世界の大都市の店舗で展開されるまでのスピード（最速）	ブラジルの僻地まで対応 消費者の期待値に沿った品質とスピード	個人消費者までの多品目少量出荷 低コスト高スピード
目的	トレンドにほぼリアルタイムに対応するため	コンサルタントの活動を支援し、顧客との信頼関係を構築するため	顧客の買い物の究極の満足を実現するため
具体的な取り組みの例	航空機をチャーターし、自社の航空便のネットワークを構築	国内の都市部のみならず、僻地まで対応する自社の物流網の構築	大規模倉庫、フルフィルメント業務のプロセス、システムの構築

差別化の源泉としてのケイパビリティ

　ここまでケイパビリティとは何か、どのような特徴があるかをご紹介してきました。事業には、極めて多数かつ多様なケイパビリティや、ケイパビリティ体系が関わっています。私たちの体を動かすために、3ミリから40センチ程度までの大小約206本の骨や、約600を超える筋肉、無数の神経や細胞が関わっていることを考えれば、理解できるのではないでしょうか。

　事業を行うためのケイパビリティは、事業に対する意味合いから考えると、**基本、入場料（テーブルステークス）、差別化の源泉、不要の4つ**に分類できます。

　基本は、事業を行うための最低限に誰もが備えるべき基本的なケイパビリティ、そして、**入場料**は、事業の運営体制を整えて健全な事業運営を確保するためのケイパビリティです。これらは、意味のある事業を行うために整えるべき基本中の基本にあたるケイパビリティです。同業他社は皆備えているもののため、無視するわけにはいきませんが、皆が整えているため差別化の源泉とはなりません。同業他社の状況も把握しつつ、できる限り効率的に取り組みます。場合によっては外注することも選択肢のひとつとなるでしょう。

　差別化の源泉は、ビジネスを差別化してくれるケイパビリティです。同業他社がそこまではやっていないもので、自社の価値の提供を支え得るケイパビリティです。他を超越する能力なので、自社を特別な存在にしてくれる可能性があります。たとえば、スターバックスが異例な従業員待遇プランを構築したのも、インディテックスが航空便で商品を運ぶのも、差別化されたケイパビリティを構築するためです。このケイパビリティは、差別化されたビジネスモデルの必須要件です。他のすべての支出を切り詰めても、投資すべきものです。

　以上のいずれにも該当しない支出が、**不要**な支出です。過去の経緯など、さまざまな理由で必要性がないにもかかわらず支出され続けているもので、ビジネスモデルを構築し維持し続けるために最小化したいものがこれにあたります。

　ケイパビリティは時間の経過とともにその位置づけを変化させることがあるということです。時間の経過とともに、一般化してしまったが故に、位置づけが変化してしまうケイパビリティもあります。たとえば、かつてデータを活用して消費者や市場を理解して需要の予測の精度を高く保つことは大きな差別化を生むケイパビリティとなり得ました。しかしそれが一般化すれば、そのようなケイパビリティは最低限必要なものとして、差別化の源泉ではなくなります。

ケイパビリティの種類と投資配分

不要

価値を生み出すか
不明なケイパビリティ

- 重要性の低い
  ケイパビリティ
- 投資の必要性を
  注意深く精査する
- 戦略的な重要性の低い
  市場やビジネスを特定し
  撤退する

削減

基本

基本的な
ケイパビリティ

- 日常業務を遂行し、
  事業運営を継続する
  ために必要な基本的な
  ケイパビリティ
- 競合他社よりも低いコスト
  水準を目標に設定し、
  効率改善、外注化などを
  検討する

コスト最適化

入場料

（テーブルステークス）
健全な事業運営の
ためのケイパビリティ

- 事業を運営するために
  必要不可欠なプロセス
  や業務
- 十分な品質を維持する

コスト最適化

差別化の源泉

差別化のための
ケイパビリティ

- 差別化の源泉となる
  3〜6つのケイパビリティ
- 業界最高水準を達成、
  維持されるように投資する
- 効率性と実効性を高める

重点投資

投資配分のイメージ

20〜40%
0〜25%
一般的　目標

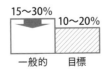

15〜30%
10〜20%
一般的　目標

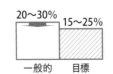

20〜30%
15〜25%
一般的　目標

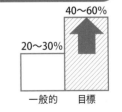

40〜60%
20〜30%
一般的　目標

ケイパビリティに対する支出のコントロール

　差別化の源泉となるためのケイパビリティを重点的に育成するためには、従来型の予算策定プロセスとは異なるアプローチをとることが必要となります。多くの場合、前年比という考え方で年間予算が決まります。この方法は、昨年まで取り組みを続けてきたことを続けていけばよいという、事業環境が安定している場合に意味があるアプローチです。新しいビジネスモデルを構築し、強く大きく育てるためには、その時に必要なケイパビリティに、必要な投資を行っていかなくてはなりません。

　そのためには、回りくどいようですが、時間をかけて、まず支出とビジネスモデルの関係を正しく理解することです。特に、ビジネスモデルを支え自社を差別化してくれるケイパビリティに関連する支出を特定し、それが十分なのか、それらの投資によってビジネスモデルがより強くなるのかを考えます。たいていの場合、足りていない、という結論が出るでしょう。多くの資金は、必要のない活動、あるいは、本来であればより効率化したほうがよいような活動に割り当てられてしまっているからです。

　また、ケイパビリティ中心のコストの分析をすることにより、予算策定、コスト認識について、従来は機能別に行われていて方向性のなかったものが、ケイパビリティという方向性のある議論がされるようになるというメリットもあります。

　たとえば、セメックスは大型買収と重なった世界金融危機時に大きなダメージを受け、経営危機に陥りました。ただ、その間もセメックスは全世界の自社の業務を支えるシステムへの投資の手を緩めることはしませんでした。情報システムとその活用の在り方というケイパビリティ体系がセメックスのビジネスモデルの根幹だったからです。

　セメックスの取り扱うセメントは、商品自体で差別化を図ることは難しいものです。それでも、創業した当初から情報を取得し、分析し、適切に活用し、業務を効率的かつ高度に実効性を持って行うための仕組みを差別化の源泉とすることで、世界最大手の一社にまでなりました。

✏ 投資状況の確認のためのチェックリスト

- ☐ 自社の現在のプロジェクトは戦略に合致しているか。各投資がどのようにビジネスモデルに寄与するかを説明することができるか

- ☐ 戦略的に意味がない、あるいは価値が低い取り組み、商品や部署に対して、投資が漫然と続けられていないか

- ☐ 予算策定プロセスと、戦略の策定プロセスは連動しているか

- ☐ 予算と戦略を一致させるための明確な仕組みはあるか（仕組みの例、パーキングロット分析など）

- ☐ 将来にわたって、自社を差別化するケイパビリティを構築するための予算を確保しているか。予算配分は、今後の自社が競争に勝つために必要なケイパビリティに対して行われているか、特段の理由がないながら、歴史的な経緯というだけで投資が継続されてはいないか

- ☐ 成立した予算がある場合でも、自社のビジネスモデルの構築維持における重要な取り組みや自社を差別化するケイパビリティへの投資の機会がある場合には、柔軟に対応し得る明確な仕組みや基準はあるか

- ☐ 買収などの大きなイベントや株主からのプレッシャーを待つのではなく、日常的に常にコスト削減の機会を探しているか

- ☐ コスト削減を行うときに、全社レベルで優先順位をつけてケイパビリティ体系に沿ったコスト削減計画を立てさせているか。目的を度外視した「ヘアカットアプローチ」（一律10％削減など）や、事業ユニットや機能部門の各々の事情に裁量を委ねすぎていないか

ケイパビリティの具体例

　ビジネスモデルを構築するためには、3〜6つのケイパビリティを選んでそれぞれを組み合わせて、差別化の源泉となり得るケイパビリティ体系とします。このケイパビリティ体系が戦い方（価値提供）、商品・サービスと相まってビジネスとなります。

　ケイパビリティは、1〜2つでは体系として脆弱ですし、7つ以上では構築しきれなくなってしまいます。多くの成功している企業は3〜6つ程度のケイパビリティから成るケイパビリティ体系に注力して、強みと差別化の源泉としています。ここでは、業種業界横断的に参考にしてもらえるように、多くのビジネスに該当しうる代表的な7つのビジネスプロセスのステップに沿ってご紹介します。

01　商品・サービス開発力

戦い方（価値提供）に即した商品・サービスを開発し続けるためのケイパビリティです。ビジネスである以上、提供する価値に即した商品・サービスを開発するケイパビリティは基本的なものとして必要です。さらに、多くの成功する企業は、この商品・サービス開発のケイパビリティを、デザイン、効率性、顧客の課題解決など、自社の戦い方（価値提供）の方向性に合わせて明確かつ強い方向感を持って行うことに長けており、差別化の源泉としています。

02　オペレーション力

調達、製造、物流といった事業の価値を具現化するオペレーションはあらゆるビジネスにおいて大切な活動です。このオペレーションにおいては、顧客に約束した品質、スピード、価格をきちんと守り実現することが、基本的なケイパビリティとなります。基本的で大切なケイパビリティではありますが、そのビジネスモデルや戦い方（価値提供）の在り方に合わせて磨き込むと、さらに大きな差別化の源泉ともなります。特に、スピード感、そして、複雑さ（皆に同じものを提供するか、個々の顧客に合わせるか、など）において、同業他社と圧倒的に異なる次元のオペレーションを運営することができれば、事業の強い体幹とも言えるケイパビリティとなり得ます。

03 顧客接点の設計運営力

商品・サービスが顧客との接点を持ち、価値を伝えたり、販売をしたりといった活動を展開できることは、基本的なケイパビリティです。さらに、ビジネスの戦い方（価値提供）に応じて、顧客との信頼関係に依存するものなのか、合理的に処理されるものなのか、カスタマイズなのか画一的なのか、接点の持ち方の方向性を極めることで、差別化の源泉となるケイパビリティとなっていきます。

04 人財の採用・配置・処遇・育成力

どのようなビジネスも担い手が必要です。担い手を確保し、維持し続けるための一連のケイパビリティはどのようなビジネスにも必要です。可能な限り人を介さない、完全自動化を目指すようなビジネスであったとしても、そのビジネスの方向性を決めるなどを担当する人間は必要です。現在のところは、全く人財を必要としないビジネスはないのです。その上で、担い手がビジネスにおいて果たす役割に応じて、その価値を最大化し得るための能力は、差別化の源泉となり得ます。

05 M&A・PMI力

新しい地域への展開、あるいは、新しいケイパビリティの獲得を行う際に、買収を通じてその目的を達成することも多くあります。その必要性や、やるべきことを整理しながら、専門家の助言や支援を受けつつ、トランザクションや買収後の統合を進めるのは、基本的なケイパビリティと言ってもよいでしょう。積極的な買収によるグローバル展開や技術統合を行う企業などにおいては、より成功する案件の見極め方や徹底した統合を行うためのノウハウを蓄積し、そのためのチームを育成するなどして、差別化の源泉とするビジネスもあります。

06 地域拡大実行力

ビジネスの展開地域が世界中などの広い地域に拡大しても、その戦い方（価値提供）を同じように理解し、顧客に伝え、また、それを支えるケイパビリティを改め続けなくてはなりません。これにより、事業が存在感を増し、ますます強くなります。これがないと、一貫性がなくビジネスモデル自体が脆弱なものとなっていきます。

07 持続可能性の維持力

ビジネスは、顧客とそのビジネスを行う地域社会のためになるものです。ビジネスが長く続くためには自社の利益や直接的短期的な顧客のメリットだけではなく、より長期的な多数のビジネスの関係者との関係、特に、地域社会や地球環境と共生していく必要があります。第三者に迷惑をかけないビジネスを行うのは、基本的なケイパビリティではありますが、それ以上に持続可能性を提示している企業はレピュテーション（評判）という形で差別化を実現しています。

変わらないもの

　ケイパビリティ体系の構築は時間がかかるものです。大きな投資を伴うものですから、機動性は重要視しつつも、自社のビジネスの根本を常に意識して行うことが重要です。

　アップル元CEOのスティーブ・ジョブズは、一時アップルを離れた後、2000年に再建のために正式にCEOに復職しました。その直前の1997年のマックワールド（Macworld Conference & Expo）においてジョブズは、「アップルが勝つには、マイクロソフトが負ける必要があるという認識を排除しなくてはならない。……アップルは、アップルがどのような会社かということを思い出す必要があった」と語っています[76]。アップルの機器がさまざまな生活における活動のハブになることを想定し、そのためのケイパビリティを構築している最中でした。

　また、アマゾンの創業者で前CEOのジェフ・ベゾスも、こう言っています。
「『今後10年で何が変わるか』という質問はよく受けますが、『今後10年で変わらないものは何か』という質問は受けたことがほとんどありません。私が思うに、実際には2番目の質問のほうが重要です。なぜなら時を経ても変わらないものを柱にして事業戦略を立てることができるからです……弊社の小売事業についていえば、顧客は低価格を求めています。これは10年後も変わらないでしょう。顧客は迅速な配送や幅広い選択肢も求めています。10年後に顧客が私のところにやってきて、『ジェフ、私はアマゾンが大好きだ。もう少し値上げをして、もう少し時間をかけて配送してほしいのだが』と言うとは到底思えません。長い目で見ても正しいと思えることがあれば、そこに大いにエネルギーを注ぎ込むことができます」[77]

　通常、ケイパビリティ体系の構築には何年もの間、労力と資金をつぎ込む必要があります。将来的にも変わらず、ビジネスの差別化を支えるケイパビリティを見極めることでケイパビリティの構築が意味のあるものとなります。

深化するケイパビリティ

　変わらないものを目指すのがケイパビリティ構築であると同時に、ケイパビリティは深化、進化してもいきます。不易流行、あるいは、変わらないために変わり続けると言いますが、時代を超えて成功する企業は、よく見ると変化し続けているのです。

　本書で取り上げた企業でも、レゴは1916年創業と長い歴史を持ちます。そもそもレゴがプラスチックのブロック玩具に集中し始めたのは、創業後44年経った1960年です。その後、特許に守られたレゴブロックを世界中に販売しますが、特許が切れ、子供たちがビデオゲームで遊ぶようになると、1990年代後半以降、経営危機に陥ります。この経営危機を乗り越えるために、レゴは、多角化していたビジネスをレゴブロックを中心とした本業に回帰させて危機をしのぎます。それだけではなくさらに、レゴのファンのためのプラットフォームを構築しイノベーションを起こしやすい環境を整え、また、イノベーションを管理するための仕組みを導入しました。これにより、従来、レゴブロックの製造特許と、ブランドの構築だったケイパビリティを進化させ、より深く、レゴファンにレゴらしい経験を提供し続けることを可能にするケイパビリティを再構築したのです。

　ブラジルのパーソナルケア大手で、ダイレクトセールスモデルで顧客との密着した関係性を大切にしたビジネスを育ててきたナチュラも、変わらないために変わろうとしています。ナチュラは、最近、ダイレクトセールスに加え、コンサルタントが、顧客に対する情報発信や、コンサルタント間での情報共有に使うことができるようなツールの導入、浸透を進めています。情報システム、ツールにより、コンサルタントとも顧客とも、より距離が近くなるような在り方を目指して、人を大切にし続けるために、従来とは異なるコミュニケーションの手法を取り入れようとしています。

　まさに、ケイパビリティもまた、「変わらないために、変わり続け」ているのです。

76 | Chloe Albanesius, 2011, "Steve Jobs vs. Everyone: His Best Fights", PC Magazine Online, https://uk.pcmag.com/news/112129/steve-jobs-vs-everyone-his-best-fights, Accessed January 19, 2021
77 | Amazon Web Services, "re:Invent Day 2: Fireside Chat with Jeff Bezos & Werner Vogels", November 30, 2012, YouTube, https://www.youtube.com/watch?v=O4MtQGRIIuA, Accessed 8 September, 2021

商品・サービス開発力

 概要

新しい技術や、商品・サービスを企画、実現し続ける能力。

　商品・サービスの開発に関わるケイパビリティは、すべての継続性のあるビジネスが持っているケイパビリティです。商品の販売であれ、小売サービスの提供であれ、そもそも売るものがなければビジネスを始めることができないからです。また、（リニューアルや、調整を含めた）新しい商品・サービスを求める消費者、顧客のため、継続的に技術を磨き、商品・サービスをアップデートし続けなくてはなりません。商品・サービスの開発は、そのビジネスが大切にする価値に従って行われます。

　アップルは最終的に、技術者ではない生活者が使いやすく、カッコいいと思うものを提供することを目指しているので、デザインスタジオから商品開発が始まり、エンジニアリング、サプライチェーンはデザインが決まってから参画します。また、そのデザインは自社内の各種技術のみならず外部の技術とも統合して実現させます。

　スターバックスは、商品・サービスという意味で、コーヒーや食品といった商品、さらに、店内の顧客の経験自体を開発しています。これらの開発は、良質なコーヒーとサードプレイスの実現を条件に行われます。チーズのにおいが店内に充満してコーヒーの香りを邪魔するという理由で朝食メニューの提供を取りやめ、その課題を解決できる商品の開発に成功するまで朝食メニューを復活させませんでした。

　インディテックスのZARAは、トレンドを素早く取り入れたファッションをスピード感を持って少量ずつ生産して提供し続けています。ZARAの商品開発は、トレンドを捉えることとスピード感を重要視しています。そのため、商品のデザインに関わる人材や施設を本社近くに集め、システムを通じて店舗と本社の間での情報伝達を大切にしています。

　このように、自社の価値提供の本質を軸に据えた商品開発が、差別化されたケイパビリティにつながるのです。

商品・サービス開発のケイパビリティの例

テーブルステークス（最低限やるべきこと）の例

▶経験や直観に加え、入手可能な各種データの分析などにより、顧客の求めるものを理解する

▶自社の商品・サービスに関連する技術の進展を理解し、取り組みを行う

▶自社の商品・サービスの、顧客からの受け入れられ方を把握し、理解する

▶事業戦略に即して、いつ、どのような商品・サービスを、何のために開発するのかを決める

▶商品・サービスの開発を、経験と実績のみならず、データの分析や考察に基づいて行う

▶開発のプロセスにおいて、研究所、工場、顧客接点などの関係担当部からの情報収集、意見交換などを行う

▶開発した商品・サービスの関係担当部への引継ぎを行う

差別化されたケイパビリティの例

▶顧客がまだ認識していない潜在的なニーズを想定する

▶自社の商品・サービスに関連する技術の進展を主導する

▶顧客からの受け入れられ方の情報が、より広範、適時的確、迅速に、適切な担当まで伝達される

▶対象とする顧客層、商品の目的、平均マージンなどを想定した戦略的な商品ポートフォリオの設計と維持、運営を行う

▶商品・サービスの価値提供を磨きこむことにデータを活用する

▶関係各部が共同で開発を行い、コストと品質など多面的な条件を実現する

▶商品開発プロセスを関係各部で共有し、開発期間や顧客への提供までの時間を最適化する

ケイパビリティの差別化の方向性の例

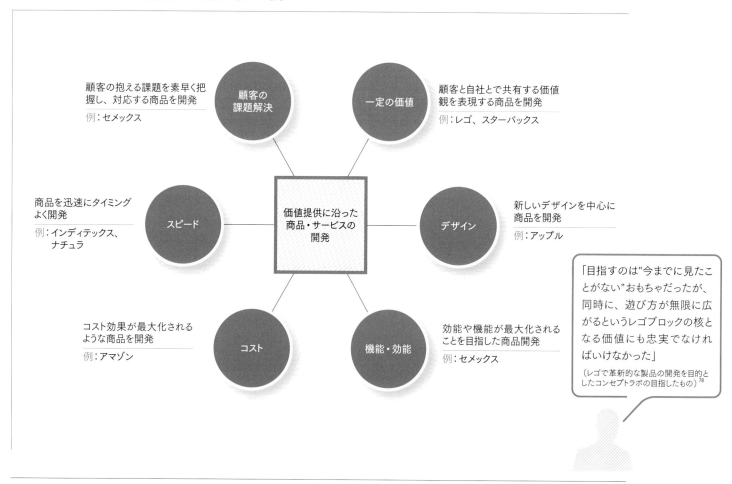

顧客の抱える課題を素早く把握し、対応する商品を開発

例：セメックス

顧客と自社とで共有する価値観を表現する商品を開発

例：レゴ、スターバックス

商品を迅速にタイミングよく開発

例：インディテックス、ナチュラ

新しいデザインを中心に商品を開発

例：アップル

コスト効果が最大化されるような商品を開発

例：アマゾン

効能や機能が最大化されることを目指した商品開発

例：セメックス

顧客の課題解決

一定の価値

スピード

デザイン

コスト

機能・効能

価値提供に沿った商品・サービスの開発

「目指すのは"今までに見たことがない"おもちゃだったが、同時に、遊び方が無限に広がるというレゴブロックの核となる価値にも忠実でなければいけなかった」

（レゴで革新的な製品の開発を目的としたコンセプトラボの目指したもの）[78]

78 | デビッド・ロバートソン著，ビル・ブリーン著，黒輪篤嗣訳，2014.『レゴはなぜ世界で愛され続けているのか——最高のブランドを支えるイノベーション7つの真理』日本経済新聞出版社

⊙ 論点 | 商品・サービスのイノベーションとイノベーションの管理

見たこともないような新しい商品・サービスを次々と生み出し続けることができたとしても、その商品・サービスが自社のビジネスモデルにはまらなければ、収益につなげることは難しいでしょう。革新的な商品・サービスを生み出し続けるビジネスは、開発の自由度について、絶妙な制約を受けています。イノベーションの名手ともいえるアップルは、一度に取り組むプロジェクトを1つに絞り込むことで知られています。

レゴもイノベーションを得意とすることで有名です。しかし、レゴはそれ故に破たんの危機に瀕し、イノベーションの制御の方法を導入するために大きな労力を費やしました。多様な人材を確保し、顧客とのイノベーションなどを重要視し、自社が今まで取り組んだことのない新しいアイデアに積極的に取り組み、イノベーションを起こしながら、同時に、イノベーションを管理する仕組みを厳格に運用しています。

プロジェクトにおける最低限の必要マージンを定め、チームの裁量によってプロジェクトを進めながら、推進するプロジェクトの選定はトップダウンで決めるなど、画期的な面白いアイデアを具現化しつつ、ビジネスとして収益に貢献させて、やりきることができるような枠組みを運営しています。

商品・サービスの開発においては、イノベーションと、その管理、両方のバランスが重要なのです。

関連ケイパビリティの例

アップル 消費者インサイト：将来の消費者ニーズを描く能力 / 直観的な使いやすいデザインの開発：すべての顧客接点におけるデザイン中心を一貫して維持する能力 / 商品・サービスの画期的なイノベーション：技術と社会の進展に伴い、新たな価値観を提示し、ケイパビリティも進化させ続ける能力 / 技術統合：社内外の優れた技術をシームレスに組み合わせデザインを実現する能力

アマゾン 迅速かつ効果的なオンライン・マーチャンダイジング：魅力的な商品を見つけ、それらをウェブサイト内の最も適切な場所で特集する能力 / 高度な技術イノベーション：顧客のショッピング体験が向上するようなアルゴリズムを含めた新たな技術を開発し続ける能力

インディテックス 深い顧客インサイト：ターゲット顧客層にアピールするトレンドを迅速に把握 / 最新の流行に敏感なデザインの商品：顧客インサイトを素早く解釈し、製造可能性も考慮してデザインに反映

スターバックス 商品と店舗による経験の開発

ナチュラ 毎年100種類以上の商品をスピーディに開発する能力

セメックス ソリューション志向のイノベーション：顧客の悩みに対応する新製品を提供 / 持続可能な建築資材開発：作業コストの抑制と環境配慮を両立させる機会を創出

レゴ あらゆる年齢層に向けた魅力的なブロックやセット商品のデザイン：デザイナー間の協調的イノベーションと子供の遊びや学習に関する徹底的な研究、ファンとの連携などにより、魅力的な商品を開発し続ける

02

オペレーション力（調達製造物流）

 ## 概要

調達、製造や物流などのオペレーションを推進する能力。

　調達、製造や物流などのオペレーションは誰もが取り組む分野です。具体的には、QCD（品質、コスト、納期）、それに加え最近では、多品種少量生産やレピュテーション（評判）が重要な能力でしょう。誰がやっても変わらないと思われがちな分野ですが、オペレーションがビジネスを大きく支えるケイパビリティとなることもあります。

　たとえば、徹底した効率性の追求により、高い品質と低コストを両立させ、その両立の在り方が、プロセス、組織、文化、人財など多岐の要素に支えられ、すぐに真似をするのが難しい場合などです。一時期の日本の製造業のケイパビリティはまさにこれに該当します。

　物を作ることだけで価値を生むのが難しくなってくると、他の価値の実現のための製造物流のケイパビリティが求められるようになります。たとえば、インディテックスは、ファッションのトレンドを把握してから、商品をデザインし、生産し、店頭に並べるまでの時間を可能な限り短くすることで旬のファッションを提供し続けるケイパビリティを構築しています。注意したいのは、インディテックスは製造物流を効率化して価格で勝負しているだけなのではなく、製造物流を許容範囲の費用で高速化することで、同じカテゴリーの他社と同程度の価格設定でも、売れやすく、損が出にくい、利益が出やすい仕組みとなっているという点です[79]。

79｜実際、インディテックスのZARAでは、物流コストに対応して地域により販売価格が異なり、自社のブランドのお手頃な価格帯は守りつつも一定の利益を確保するようにしています（齊藤孝浩著，2018.『ユニクロ対ZARA』日経BP社）

調達・製造・物流オペレーションのケイパビリティの例

テーブルステークス（最低限やるべきこと）の例

▶調達、製造、物流のオペレーションの内容を明確にする（オペレーションに大きく投資する製造受託、オペレーションを行わない委託製造、など自社の事業により決定）

▶外注部分について、外注先を委託、管理する

▶オペレーションの運営を行う

▶顧客の声やデータの分析、オペレーションに関わる技術革新を把握するなどによりオペレーションを検証し、改善策を実施

差別化されたケイパビリティの例

▶長期的な観点から外注先を選定し、適宜支援を行うことにより連携先との長期的な関係を築く

▶自社の基準に合う連携先を取引毎に短期間で入れ替える柔軟性を持つ

▶積極的に技術革新や投資を行い、圧倒的なスピード感、品質、コストや、環境負荷の低減などを実現する

▶オペレーションの改善のスピード感や内容などの徹底的な追求を行う

ケイパビリティの差別化の方向性の例

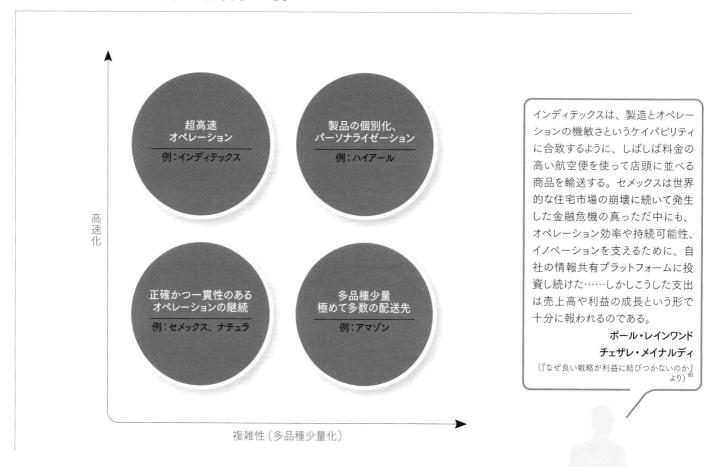

高速化（縦軸）

複雑性（多品種少量化）（横軸）

- 超高速
オペレーション
例：インディテックス
- 製品の個別化、
パーソナライゼーション
例：ハイアール
- 正確かつ一貫性のある
オペレーションの継続
例：セメックス、ナチュラ
- 多品種少量
極めて多数の配送先
例：アマゾン

> インディテックスは、製造とオペレーションの機敏さというケイパビリティに合致するように、しばしば料金の高い航空便を使って店頭に並べる商品を輸送する。セメックスは世界的な住宅市場の崩壊に続いて発生した金融危機の真っただ中にも、オペレーション効率や持続可能性、イノベーションを支えるために、自社の情報共有プラットフォームに投資し続けた……しかしこうした支出は売上高や利益の成長という形で十分に報われるのである。
>
> **ポール・レインワンド**
> **チェザレ・メイナルディ**
> （『なぜ良い戦略が利益に結びつかないのか』より）[80]

---

80 | ポール・レインワンド著，チェザレ・メイナルディ著，アート・クライナーその他，PwC Strategy&訳，2016.『なぜ良い戦略が利益に結びつかないのか―高収益企業になるための5つの実践法』ダイヤモンド社

論点 | QCDとレピュテーション

オペレーションは、品質（Quality）、コスト（Cost）、納期（Delivery）のQCDの３つの評価軸で高度化していくと言われますが、近年、レピュテーション（評判）というもう１つの軸が出現してきています。

どんなに素晴らしい商品でも、その製造や提供方法に人道的、環境的問題があるとしたら、その商品を買いたいと思うでしょうか？　世界的に支持されるブランドがオペレーションの問題を指摘されて、広範な不買運動にまで広がるケースがいくつもありました。今後は、オペレーションの評価に、レピュテーション（Reputation）を加えた、QCD-Rが求められるでしょう。

世界のトップ企業は、オペレーションにおける先進的な取り組みによるレピュテーションを差別化要因としつつあります。徹底したサプライチェーンにおける環境、人権配慮を訴求しているのです。たとえばナチュラでは、アマゾンや地球環境の積極的な保護活動により顧客の信頼を得ています。

世界的に事業を展開する大企業は、地球環境や社会環境の健全性を維持することにも一定の役割を果たすべきであるという考え方が、オペレーションの条件の常識を変えつつあります。これらの差別化の源泉となるケイパビリティは、今後ますます社会的要請が加速し一般化することで、いずれは、企業のオペレーションのケイパビリティにおける最低限のテーブルステークス（入場料）となるかもしれません。

関連ケイパビリティの例

アマゾン　多様な商品を扱うオペレーション能力：技術、システム開発で、大量多種の在庫を多数のパートナーと取り扱う能力

インディテックス　機敏に反応する製造とオペレーション：高速でシームレスな統合ロジスティクスシステムと、生産フェーズの巧みな設計（例：染色フェーズをプロセスの後半に配置）による柔軟性の確保

ナチュラ　オペレーション能力：毎年100種類以上の新商品を扱いつつ、顧客の期待を損なわない品質とスピード感を維持 / クリエイティブな調達：一定の基準を満たす調達先からの熱帯雨林の生産物の独自の入手ルートを構築

セメックス　確実なオペレーション：データの取得分析、情報インフラ、高精度の物流などにより実現

レゴ　複雑性の管理：効率的なオペレーションプロセスの適切な設計に加え、商品開発段階から一定の価格と収益性の水準を明確にし順守することで、高い利益率を維持しつつ多くのパーツとブロックセットを生産し、顧客に届ける / 消費者志向のプラットフォームの管理：オンラインとオフラインの活動（フォーラムやクラブなど）で熱心なレゴファンのネットワークとコミュニティ形式のエンゲージメントを創出

03 | 顧客接点の設計運営力

 概要

店舗、営業員、オンラインなどを通じて顧客との接点を持ち、情報提供や販売などを行う能力。

　商品やサービスを企画し、顧客に届けるための準備が整ったら、商品・サービスの存在や内容を知ってもらい、手に入れたいと思ってもらわなくてはなりません。どのようなビジネスでも顧客との接点を設計し運営する一定の能力が必要です。

　すべてのビジネスに必要な能力ですが、顧客接点に特に大きな強みを持ち、差別化に成功しているケースもあります。特に、顧客との深い信頼関係を築き、顧客の悩みや課題を理解し、あるいは解決策を提示できる顧客接点は大きな差別化要素となります。

　かつてはテレビや新聞雑誌などのマス媒体と、営業員や店舗などの対面のチャネルという比較的シンプルであった顧客接点も、最近はインターネット、スマートフォンなどの媒体・チャネルが出現し、各接点がより深く連携しオムニチャネル化しているために、複雑性が増しています。複数の顧客接点を柔軟に結びつけ、それぞれで適切な役割を果たすように運用できること、また、オンラインにてストレスフリーの顧客のおもてなしができることも、現時点では差別化の要因となります。

顧客接点の設計運営のケイパビリティの例

テーブルステークス（最低限やるべきこと）の例

▶事業内容、消費者の購買プロセスに応じて、顧客とのコミュニケーション、営業活動の在り方を企画する

▶営業人員、店舗、オンラインチャネルなどの顧客接点の運営を行う

▶顧客の反応や販売実績などに応じて、接点の在り方を検証、調整する

差別化されたケイパビリティの例

▶個別の顧客接点のみならず、全体を通じた連携策、データの流れなども合わせて企画する。また、第三者の口コミや評判なども想定する

▶顧客接点の構築・運営において、価値提供に応じた圧倒的な質（速さ、丁寧さ、信頼関係、ストレスフリーなど）を確保する

▶顧客接点の在り方の検証、調整を超短時間の速いスピードで行い続ける

ケイパビリティの差別化の方向性の例

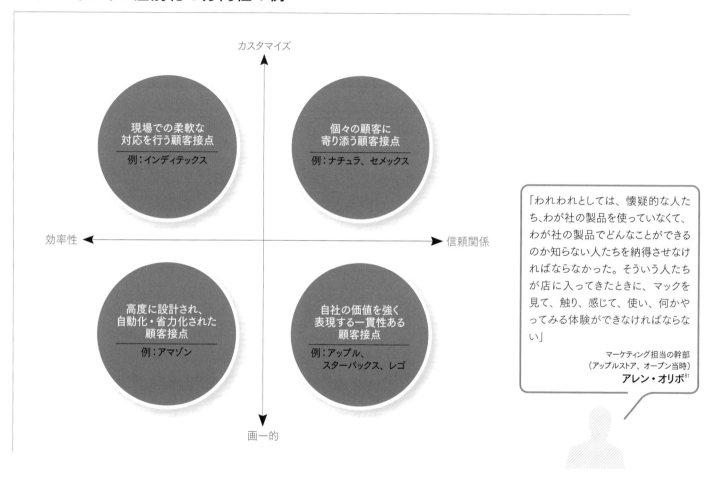

カスタマイズ

現場での柔軟な
対応を行う顧客接点

例：インディテックス

個々の顧客に
寄り添う顧客接点

例：ナチュラ、セメックス

効率性 ←──────────────────→ 信頼関係

高度に設計され、
自動化・省力化された
顧客接点

例：アマゾン

自社の価値を強く
表現する一貫性ある
顧客接点

例：アップル、
スターバックス、レゴ

画一的

「われわれとしては、懐疑的な人たち、わが社の製品を使っていなくて、わが社の製品でどんなことができるのか知らない人たちを納得させなければならなかった。そういう人たちが店に入ってきたときに、マックを見て、触り、感じて、使い、何かやってみる体験ができなければならない」

マーケティング担当の幹部
（アップルストア、オープン当時）
アレン・オリボ[81]

81 | アダム・ラシンスキー著，依田卓巳訳，2012.『インサイド・アップル』早川書房

論点 | 店舗で売るもの、インターネットで売るもの

　インターネット通販が一般化し、消費者との接点が多様化しています。実店舗、PC、モバイルなどの選択肢が広がるにつれ、各チャネルの役割を明確にする必要性も大きくなりました。

　リアル店舗には博識なスタッフがおり、商品やサービスを試すことや、他の顧客の反応を見ることができ、また、今すぐに欲しい商品はその場で手に入れることができます。一方で、インターネットの店舗は、比較や口コミなど商品・サービスに関する多くの情報を検討することができ、いつでもどこでも欲しい商品を注文することができ、多くの場合、商品は自宅まで配送されます。

　アマゾンは創業時に、インターネットで売りやすい商品として書籍を選びました。その後、やはりインターネットで販売しやすいCDやDVDなど多くの商品に取り扱いを広げていきました。

　アップルは、ショールームのように店舗を設計し、美しく陳列された商品の説明を販売スペシャリストから聞き、商品を試し、店内のジーニアスバーで技術的なサポートを受けることができるようにしました。さらに、店舗はテクノロジーコミュニティの集会場としても使われています。店舗を伝道の場と位置づけ、実店舗でないとできないことに特化しているのです。

関連ケイパビリティの例

アマゾン　小売インターフェイスのデザイン能力：操作性や機能開発（レコメンデーション、検索や比較）による買いやすい店づくり / データを活用したリレーション管理：顧客別のレコメンデーション（その顧客が親近感を持ちそうなほかの商品をお勧め）、ページのパーソナライゼーション（顧客に合わせたページの表示）など

- -

スターバックス　「サードプレイス」の経験の提供：すべての要素を細かい部分まで整理調整し、美味しいコーヒーを飲むことができる「サードプレイス」であり続けるというブランドの約束を実現 / 直営店の集中出店によるビジネスの効率的な運営と、店舗サービスの質の確保

- -

ナチュラ　ダイレクトセールスチャネル：優秀な営業員（ブラジルで150万人のコンサルタント網）による独自の強力な販売モデルを維持

- -

セメックス　顧客や地域社会との長期的な関係の構築：踏み込んだコンサルティングや関係構築作業により、顧客のニーズに関する他社にはない洞察を得て、競合参入を防ぐ障壁を築いている

- -

04

人財の採用・配置・処遇・育成力

 概要

自社の目的を達成するために、必要な人財を採用、配置、処遇、育成して最大の価値を引き出す能力。

　必要な人財の要件を明確にして、採用、処遇するとともに、事業を継続的に展開するために育成し、人財構成の最適化を管理していくことは、どのようなビジネスでも大切なケイパビリティとなります。

　特に、現場での人の対応が大切になるビジネスでは、このケイパビリティが差別化の源泉となり得ます。

　スターバックスは、ブランドの体験を確実に届けるため、店舗のバリスタなどに対する待遇の在り方に強いこだわりを持ってきました。ハワード・シュルツは「小売業やレストラン業にとって、顧客サービスは死活にかかわる重要な問題である。それにもかかわらず、これらの業界の給与や福利厚生の水準が全産業中で最低というのは、なんとも皮肉な話だ。この業界の社員は会社の中核を担っているだけではなく、会社の顔として世の人々と接する存在なのだ。……彼らを消耗品のように扱ってよいはずがない」とし、健康保険制度や持ち株制度の導入を行い、これによって従業員の主体性などが顕著に変化したと語っています[82]。

　また、ナチュラは、コンサルタントと呼ばれる女性販売員を通じて、化粧品等を販売していますが、販売員は同年代の女性よりも多くの収入を得、売上の高い販売員の多くは勤続20年以上、定着率と満足度も高い水準です。CEOのカルルッチは「販売員たちはグループの一員であると感じています。つまり、素晴らしい商品を提供し、社会、環境、地域社会の価値を高めようとしている企業の一員だと感じているのです。彼女たちは当社の理念に不可欠です。私たちは彼女たちを単なる数として見ているのではなく、人間として接しています」[83]と語っています。

　人財が最大限に力を発揮するための環境整備において、同業他社の水準を超えて取り組む企業は、この分野において差別化されたケイパビリティを構築することができます。

人財の採用・配置・処遇・育成のケイパビリティの例

テーブルステークス（最低限やるべきこと）の例

▶ 事業に必要な人財の要件（能力、人数など）を定義する

▶ 人財要件によって、採用、配置、職務の定義、処遇、育成、人材構成の方針を策定する

▶ 人事、職場のリーダー、経営リーダーなどの人財における役割と責任を明確にする

▶ 採用、配置、処遇、育成の事務を効率的かつ正確に運営する

▶ 人財がその目的に応じて、最大のパフォーマンスを発揮することができる職場環境をつくる

▶ 自社のバリューへの違反、ハラスメント、差別その他の組織内の課題の把握のための体制を構築し、厳格に対応する

差別化されたケイパビリティの例

▶ 長期的な戦略を見据えて、ビジネスモデルや人事戦略を検討、推進する

▶ 育成機会やキャリアパスの提供などを通じて人財との信頼関係を構築する

▶ 多様な人財が活躍するチームを、率いることのできるリーダーの育成を行う

▶ グローバルプログラムの運用をシームレスに運営する

▶ アイデア創造、コラボレーション、一定の経験の提供、その他ビジネスモデルに即した行動が促進される環境を整備する

▶ 自社の提供する価値を具現化する行動が評価され、浸透する仕組みを構築し運用する

82 ｜ ハワード・シュルツ著，ドリー・ジョーンズ・ヤング著，小幡照雄訳，大川修二訳，1998.『スターバックス成功物語』日経BP社
83 ｜ リンダ・グラットン著，吉田晋治訳，2014.『未来企業―レジリエンスの経営とリーダーシップ』プレジデント社

ケイパビリティの差別化の方向性の例

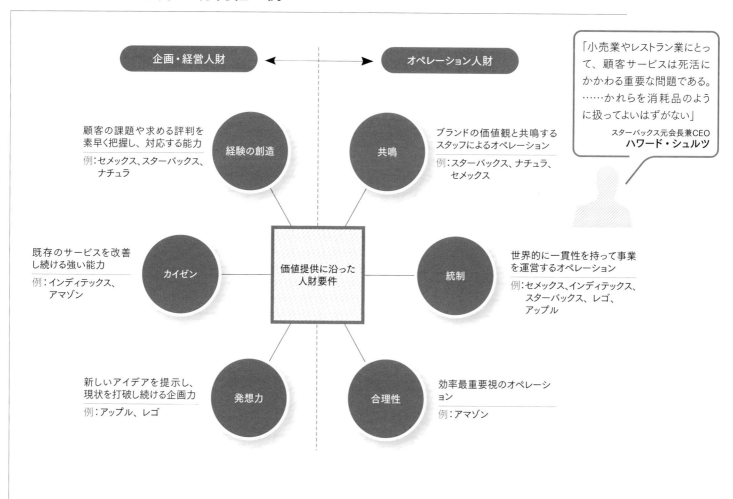

企画・経営人財 ◆――――▶ オペレーション人財

経験の創造
顧客の課題や求める評判を素早く把握し、対応する能力
例：セメックス、スターバックス、ナチュラ

共鳴
ブランドの価値観と共鳴するスタッフによるオペレーション
例：スターバックス、ナチュラ、セメックス

カイゼン
既存のサービスを改善し続ける強い能力
例：インディテックス、アマゾン

統制
世界的に一貫性を持って事業を運営するオペレーション
例：セメックス、インディテックス、スターバックス、レゴ、アップル

価値提供に沿った人財要件

発想力
新しいアイデアを提示し、現状を打破し続ける企画力
例：アップル、レゴ

合理性
効率最重要視のオペレーション
例：アマゾン

「小売業やレストラン業にとって、顧客サービスは死活にかかわる重要な問題である。……かれらを消耗品のように扱ってよいはずがない」
スターバックス元会長兼CEO
ハワード・シュルツ

⚲ 論点 ｜ アップスキルか入れ替えか

テクノロジーの進展が速いスピードで進むなど、事業に求められる人財の要件が変化する際に、アップスキルか入れ替えかという選択肢が生じます。

たとえば、自社のデジタル変革を進める際に、テクノロジーに明るい人財と既存の人財とを入れ替えることは容易にはできません。特に、雇用法制が厳しく、また、長く続く関係性を大切にする日本や欧州にはそぐわないことが多くあります。この場合、アップスキルを目指すアプローチもあり得ます。アップスキルとは、既存の従業員のうち、新しいケイパビリティを獲得し得る人財プールを再度育成し、再配置を促すというものです。もちろん、先生役は外部から招聘する必要はありますが、学び直すことで引き続きビジネスを支えることができるのであれば、お互いに手間もコストもかからないという考え方です。

ビジネスの変革は進めなくてはならない一方で、長年勤めてくれた従業員に去ってもらうわけにもいかない、こう考えて事業の変革を進めきれないケースがあります。しかし、年齢や性別で人の能力を一律に判断するのは間違いかもしれません。若くてリーダーに適任な人もいますし、50代で新しいスキルを身につけられる人もいます。

新しいスキルの獲得がなぜ、どの程度重要なのか、獲得すべきスキルを明確にし、スキル開発を支援し、適切な再配置を進めていく、そのようなケイパビリティが差別化の源泉となり得るでしょう。

関連ケイパビリティの例

スターバックス 献身的な従業員集団の採用と維持：店舗での経験の提供のためにさまざまな手段を用いて忠誠心を育てている

M&A・PMI（ポスト・マージャー・インテグレーション）力

 概要

他社を買収し統合することで自社のビジネスを展開する能力。

　ビジネスを拡大、あるいは、進化させるにあたって、他社の、あるいは、他社からのビジネスの買収（M&A）を検討することも多いでしょう。その場面はさほど多くはないため、差別化するべきケイパビリティを構築する必要のあるビジネスはあまり多くはないかもしれません。しかし、業界が絶え間なく変化し、業界を再編すべき時期に直面し続けている場合や、自社のケイパビリティを進化させ続ける必要がある場合などには、なぜ、どのようなビジネスを、どのように買収し、買収後にはいかにして価値を創出するのかなどの、関連するケイパビリティを構築するべきだと言えるでしょう。

　投資ファンドは、この典型と言えます。投資ファンドは、投資家から募るなどして集めた資金をビジネスに投資し、そのビジネスから多くの価値を創造し、その価値を分配することを本業としています。M&Aのケイパビリティは投資ファンドの差別化の源泉となり得ます。

　投資ファンドでなくとも、このケイパビリティを意識的に構築するケースがあります。セメックスは多くの買収を経てメキシコからグローバル最大手の一角に成長しました。セメックスが投資ファンドと異なるのは、事業を買収して売却するのではなく、全世界の各事業を連動させて、共通の高度な事業運営の仕組みを導入し、その上で、各地のよりよいやり方を他の地域に展開するという相互作用を維持することで成長し続けている点です。そのため、統合にも相当の力を注ぎます。特に、最初の3か月を重要タイミングとして、2年間は20〜25名のセメックス社員を被買収企業のさまざまな部署で働かせ、新しいスタッフたちに自社のシステムを確実に理解させるなどのセメックス流の手法を編み出しています。

　特に、積極的なグローバル展開を志向する場合には、どのような企業を買収し、どのように価値を創造していくのか、M&Aのケイパビリティが重要です。

M&A/PMIのケイパビリティの例

テーブルステークス（最低限やるべきこと）の例

▶個々の案件毎に買収の目的や是非を判断する

▶買収機会の情報の収集ルートを確保する

▶買収候補を理解、シナジーを分析し、買収の是非を決定する

▶買収条件などの交渉、各種手続き、プロセス等を推進する

▶買収後に統合を推進する

> 「合併後の統合（PMI）に熟達するため、当社はかなりの事後分析を行いました。……たとえば、私たちはプランニング、経理、IT、オペレーションの人材で構成される同じ1つのチームを毎回の買収に使うべきであることを早い段階で認識していました」
> セメックスの戦略企画・新規ビジネス開発担当
> エグゼクティブ バイスプレジデント
> **ホアン・パブロ・サン・アグスティン**[84]

差別化されたケイパビリティの例

▶長期的な事業の方向性と強化したいケイパビリティの方向性を明確に持つことで、潜在的な買収機会を探る

▶独自のネットワークや人脈、取引関係などを構築し、情報ルートを確保する

▶買収を決定する前にあらゆるリスクを検証し、場合によっては見送りの決断をする

▶買収する背景や目的に忠実な、交渉条件や譲れない点を明確に持つ

▶買収前に想定したプランを買収後に再度検証し、最適化したプランを聖域なしに推進する

84 | PwC Strategy&, 2017. Strategy& Foresight vol.11 2017 Spring, 「CEMEX社の積極的M&Aと『CEMEX流』インテグレーション」 https://www.strategyand.pwc.com/jp/ja/publications/periodical/strategyand-foresight-11/sf11-03.pdf、2021年1月19日閲覧

ケイパビリティの差別化の方向性の例[85]

M&Aのケイパビリティは、業界の再編者にとっては差別化として必要となるものですが、その他の戦い方（価値提供）を掲げるビジネスが、大きく、速いスピードで成長するために、M&Aに長けることで、差別化したケイパビリティを構築するケースがあります。

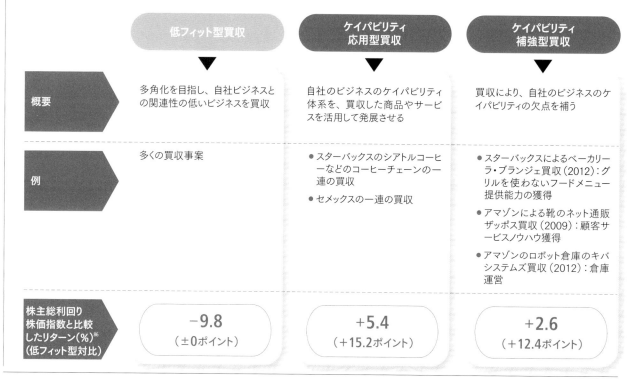

	低フィット型買収	ケイパビリティ応用型買収	ケイパビリティ補強型買収
概要	多角化を目指し、自社ビジネスとの関連性の低いビジネスを買収	自社のビジネスのケイパビリティ体系を、買収した商品やサービスを活用して発展させる	買収により、自社のビジネスのケイパビリティの欠点を補う
例	多くの買収事案	● スターバックスのシアトルコーヒーなどのコーヒーチェーンの一連の買収 ● セメックスの一連の買収	● スターバックスによるベーカリーラ・ブランジェ買収（2012）：グリルを使わないフードメニュー提供能力の獲得 ● アマゾンによる靴のネット通販ザッポス買収（2009）：顧客サービスノウハウ獲得 ● アマゾンのロボット倉庫のキバシステムズ買収（2012）：倉庫運営
株主総利回り 株価指数と比較したリターン（%）[86]（低フィット型対比）	−9.8 （±0ポイント）	+5.4 （+15.2ポイント）	+2.6 （+12.4ポイント）

85 | Strategy&が2001-2012年の540件の大規模取引を分析。化学、消費財、電力・ガス事業、金融サービス、ヘルスケア、工業製品、IT、マスメディア、小売の9業界で最も大規模な取引60件ずつ。（J.ニーリー，ジョン・ジュレンズ，イエルク・クリングス，2016. Strategy& Foresight vol.9 - Autumn.「Deals That Win　ケイパビリティから考察したM&A戦略のあり方」https://www.strategyand.pwc.com/jp/ja/publications/periodical/strategyand-foresight-09/sf9-all.pdf）
86 | ディール締結から2年間の株主リターン（TSR：Total Shareholder Return）を年換算

⚲ 論点 ｜ PMIの課題は M&Aのプランニングから生じている

買収後の統合に苦労するという話はよく聞きます。統合を急いでほとんどの人材が辞めてしまって、買収したはずの事業がうまく回らなくなってしまう、あるいは逆に、買収前の経営陣のやり方を維持しすぎて統合が進まない……買収後の統合作業はそう簡単ではありません。企業によっては、統合における独自のアプローチや考え方を構築することでこの課題を乗り越えています。

一貫して取り組む内容を定め、その管理をする経験豊富なチームがいることも稀ではありません。買収統合により大きく成長している企業は、各案件に十分な検討の時間をかけ、買収対象の経営陣との議論や交流を数年かけて行うこともあります。

統合後の取り組み方針が明確になっていない場合、多くは、買収の意思決定時の議論が不十分であることが原因です。買収機会があったとき、漠然とよさそうな機会に思える、あるいは、この分野に進出することは決まっているからなどという理由で買収を決めてしまうことが多くありますが、買収のための対価を上回るメリットを得ることができなければ、買った意味があるとは言えません。

どのようにすれば元を取れたと言える状況にできるのか、どのような取り組みをしなくてはならないのか、これらを熟考して買収の是非を決めておけば、PMIの取り組み事項も自ずと決まります。

関連ケイパビリティの例

セメックス　高度かつ最適な事業運営アプローチの共有、徹底：One CEMEXにより取り組むべき事業運営アプローチを明確にする

06

地域拡大実行力

 概要

世界規模で、一貫性のある価値提供を可能にする能力。

　ビジネスが創業してから時間が経過し、その事業展開地域が広い地域に拡大しても、創業時と同様に一貫性を持って全社的に戦い方（価値提供）や、ケイパビリティを推進・刷新し続けなくてはなりません。これは、あたり前のようで難しいことです。100人程度が基本的に同じ場所にいるのであれば、さほど一貫性を意識することなく、自然と歩みは揃うかもしれませんが、人数が1000人、1万人と多くなり、またビジネスが多数の国や数千、数万などの多くの拠点に拡大していったらどうでしょうか？　この場合にはビジネスの一貫性を保持するために相当の労力を割かなくてはなりません。

　一貫性を保ちやすくするには、2つの条件をクリアする必要があります。

　1つ目は、一貫性を保持するべき対象を明確に意識して言語化することです。自社の商品・サービスを誰が、どのように提供するのか、どのように顧客に対して価値を伝えるのか、まずは自らが明確に言語化し、それを自社のビジネスの担い手や外部のパートナーに伝え、ときには直接現場を確認することで状況の調整を行います。これにより形式的な一貫性を保持することができます。ブランディングの一貫性を世界規模で維持する場合、世界の全店の店内のディスプレイを送付させてブランドディレクターが確認する例もあるほどです。

　2つ目は、展開の方向性を注意深く選ぶことです。どのような人財、パートナーと組むのか、どの商品・サービスを展開するのか、どの地域に展開するのか。スターバックスは自社の商品を受け入れる一定の顧客層がある場所以外には進出しないことを明確にしていますし、インディテックスもZARAの出店においては、ファッション感度が高い女性が多い場所以外には出店しないと決めています。そのため結果的には、世界の大都市を広くカバーすることになりましたが。自社のビジネスモデルが自然に威力を発揮するところを事前に注意深く選定することで、無理なく展開ができ、一貫性も保持されやすくなります。

一貫性の保持のためのケイパビリティの例

テーブルステークス（最低限やるべきこと）の例

▶自社の理念や存在意義等を言語化し、周知させる

▶ビジネスモデルの根本であり、ぶれがゆるされないものを明確にし、各拠点等に周知させる

▶ビジネスモデルを実現させるための事業プロセスをマニュアル化するなど言語化し、それを徹底して順守させる仕組みを確立する

▶税務報告、法令、その他の順守が必要な事柄を、全社、各拠点にわたって順守させる

差別化されたケイパビリティの例

▶理念や存在意義等が組織の個々人に浸透し、行動、ビジネスのあらゆる場面に反映され、企業の強い文化として認識されている

▶ビジネスモデルの本質が、各商品・サービス、各拠点等ごとに行動として明確化され、事業運営に反映されている

▶マニュアルと事業プロセスの現地化が適切に行われている

▶自社の理念や存在意義に反するものは、法令等を順守していても許容しないことを明確に示し、また、例外なくそのように対応している

ケイパビリティの差別化の方向性の例

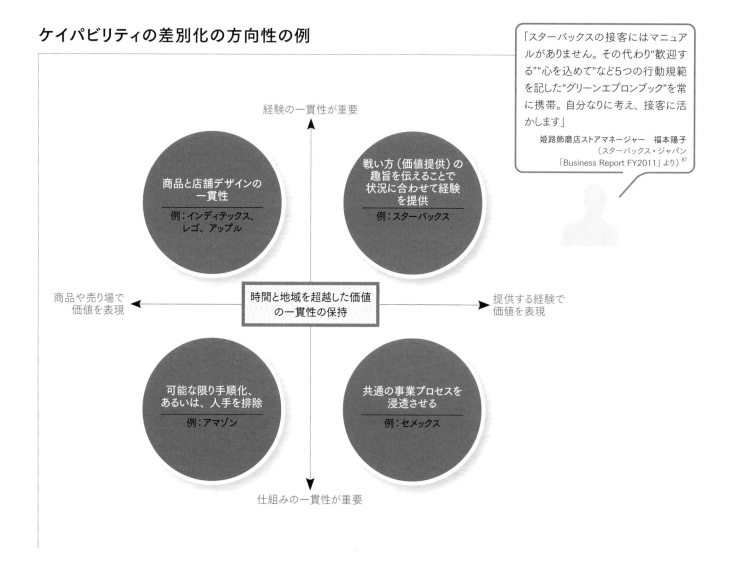

経験の一貫性が重要

商品と店舗デザインの
一貫性

例：インディテックス、
レゴ、アップル

戦い方（価値提供）の
趣旨を伝えることで
状況に合わせて経験
を提供

例：スターバックス

商品や売り場で
価値を表現

時間と地域を超越した価値
の一貫性の保持

提供する経験で
価値を表現

可能な限り手順化、
あるいは、人手を排除

例：アマゾン

共通の事業プロセスを
浸透させる

例：セメックス

仕組みの一貫性が重要

「スターバックスの接客にはマニュアルがありません。その代わり"歓迎する""心を込めて"など5つの行動規範を記した"グリーンエプロンブック"を常に携帯。自分なりに考え、接客に活かします」

姫路飾磨店ストアマネージャー　福本陽子
（スターバックス・ジャパン
「Business Report FY2011」より）[87]

🔍 論点 ｜ 統制と裁量

　一貫性の保持というと、本社から業務の細部まで管理することが必要にも思えます。しかし、本当に一貫性を保持するためには裁量を現場に委ねる方が効果的であることも多くあります。

　たとえば、地域密着という価値を提供するビジネスで、価値を一貫させるために各店舗の挨拶や接客の言葉遣いを統一してしまうのは本末転倒です。その地域でよく使われている言葉を使い、温度感を表現し、幅を持たせたほうがかえって、全国的に共通した価値を提供できます。

　スターバックスには、店舗運営の詳細を解説したいわゆるマニュアルはありません。その代わりに、歓迎する（Be Welcome）、心を込めて（Be Genuine）、豊富な知識を蓄える（Be Knowledgeable）、思いやりを持つ（Be Considerate）、参加する（Be Involved）という行動規範を記したグリーンエプロンブックや、各種研修資料などが用意されています。つまり、スターバックスの精神を明らかにした上で、実際の行動はその店舗の環境やその状況に応じて各パートナーが考えるのです。さらに、商品についても、顧客が望む、最高の品質で、倫理的に調達され、ブランドにふさわしく、スターバックスの価値観に沿った方法で提供されるコーヒーである限り、地域ごとの裁量が

関連ケイパビリティの例

インディテックス 世界規模の一貫したブランディング：ターゲット顧客、品揃え、店舗の立地、マーチャンダイジング、要員配置、アフターサービスなどにおいて一貫して一定の経験を提供するべく、プロセス、インフラを確立

スターバックス 直営店の集中出店によるビジネスの効率的な運営と、店舗サービスの質の確保

レゴ 品質と学び志向のブランド構築：遊びを通した認知機能の発達や関連スキルの成長というメリットをプロモーションしている

許されています[88]。

　近年では、全国一律で展開するチェーンストアでも、ご当地のものなど、品揃えを店舗の立地や周辺のニーズに合わせて変えるケースも見られるようになってきました。地域の生活を支える店という価値を全国で一律に提供するために、地域の生活に合わせて一部変化を持たせたのです。変化させることにより、統一的な価値提供につながる例です。

---

87 ｜ Starbucks Coffee Japan, Ltd., 2011.「Business Report FY2011」https://www.starbucks.co.jp/assets/images/ir/images/library/jigyohoukoku17.pdf、2021年1月29日閲覧

88 ｜ ジョゼフ・ミケーリ著，小川敏子訳，2014.『スターバックス─輝きを取り戻すためにこだわり続けた5つの原則』日本経済新聞出版社

07 | 持続可能性の維持力

 概要

将来にわたって地域社会や地球環境と一体化して事業を展開するための、先見の明を持って事業を行う能力。

　ビジネスを長く続けるために必要なことは何でしょうか。顧客に長く愛され続けることに加え、安定した豊かな地域社会がある、つまり、顧客が商品・サービスを買い続けられる環境にあることも大切な前提です。

　近年、人間の快適な暮らしや利益だけを追い求めることの問題点が身近に感じられるようになってきています。暑すぎる夏や強力な台風などの異常気象、広範な山火事、海水面の上昇、水質・大気・土壌汚染、生物多様性の喪失、劣悪な労働環境、教育課題、経済格差、肥満と飢え、地域共同体の崩壊、医療問題、少子高齢化、孤独、その他多くの課題があります。個々人の意識や行動が問われると同時に、ビジネスのやり方に課題はないか、ビジネスの取り組み方でよい変化を起こすことができるかが問われるようになってきているのです。スマートフォンなどのデジタル機器が世界中に広がり、多くの人がつながったことで、起きたことが一瞬で世界の反対側にまで知られるようになり、世界的な対応の動きも広がり、国連の開発目標として2015年にSDGs[89]が発表されるなどしています。

　この動きに対応して持続可能性（サステナビリティ）の考え方も進化しています。当初、持続可能性はリスク管理として考えられていました。風評リスクなどにつながるプロセスを特定して、リスクを除去、あるいはマネージしようとするものです。次に、よい取り組みをすることで自社のブランド価値向上に役立てようとする動きが出てきました。同じ商品を提供しているのであれば、顧客は尊敬できる方法で事業を運営しているほうを選ぶであろうということを期待しています。

　そして、近年では経営の根本に持続可能性を据える動きが拡大しています。自社を社会のために存在していると真正面から定義づけ、儲けすぎないように顧客やサプライヤーに還元しつつ事業を構築するなど、収益性の在り方までも含めて、広く取り組みを行う企業が出てきたのです。

持続可能性の維持に関するケイパビリティの例

テーブルステークス（最低限やるべきこと）の例

▶事業活動が、地域社会環境にどのような影響を与えているか、現状とその影響、評価を理解する

▶自社のビジネスに影響を与え得るステークホルダーが誰で（顧客、調達先、取引相手、従業員、株主、債権者、地域社会、規制当局、同業他社、業界団体、地球環境その他）、どのように影響を及ぼし得るのかを理解する

▶持続可能性を維持するための取り組み内容を明確にし、推進する

差別化されたケイパビリティの例

▶自社のビジネスモデルや、自社の存在意義に照らして、短期的な利益を犠牲にしてでも重要視すべきイシューなどは何かを特定する

▶重要なステークホルダーと、継続的に対話する関係性を構築し、パートナーとする

▶ビジネス及び、ビジネス全体における意思決定や行動、企業文化に、取り組み内容を一体化させ、浸透させる

---

89 | 「持続可能な開発目標（SDGs）とは、2001年に策定されたミレニアム開発目標（MDGs）の後継として、2015年9月の国連サミットで採択された『持続可能な開発のための2030アジェンダ』にて記載された2030年までに持続可能でよりよい世界を目指す国際目標」（https://www.mofa.go.jp/mofaj/gaiko/oda/sdgs/about/index.html）

ケイパビリティの差別化の方向性の例

取り組みが本質的に →

| 余剰資金を可能な範囲で
地域に還元 | リスク・コスト削減、成長に
活用 | 事業展開地域との共生を前提、
目的とする |

- かつての企業による芸術振興、メセナ活動など
- 可能な範囲で地域等に還元するという位置づけ
- 長期的な課題解決の視点はさほど強くない

- 環境、社会問題に取り組むことで、事業運営に関わるリスク削減、ブランド向上による成長、あるいは、無駄の排除などによるコスト削減などが期待できる

  レゴ

  アマゾン

  アップル

- 事業活動を行う地域の環境、社会の課題の解決、向上は、事業活動を行う前提としてすべての意思決定において重要な判断軸となる

  ナチュラ

セメックス

スターバックス

インディテックス

「アマゾンの人々や恵み、アマゾンの未来は、経済的な発展と自然保護を矛盾するものとしてとらえてしまえば描くことはできません。私たちのビジネスモデルが、このようなビジョンは大きな過ちであることを証明しています」

ナチュラCEO
ジョアン・パウロ・フェレイラ[90]

論点 | リスク管理か価値提供の本質か

持続可能性をリスク管理として大切なものとする主張と、価値提供の本質として大切なものとする主張とがあります。実際は、その両者は同時に存在し、両者ともに大切なものです。

いわゆるSDGsは17の目標を掲げています。「貧困をなくそう」、「気候変動に具体的な対策を」などの、かなり大きな目標が17もあるのです。企業がそのビジネスの範囲ですべての目標に極めて深く関係することはあまりないのではないかと思います。ビジネスモデルやビジネスの存在意義において極めて重要なアジェンダがいくつかあり、それに加えて、地球市民として、あるいは事業運営において関係があるため、取り組みをするべき課題がいくつかある、というのが実際なのではないでしょうか。

極めて重要なアジェンダにおいては、自ら率先して解決に向けた行動を可能な限り事業を通じて行うべきです。それ以外の課題については、リスクを生じさせないように真摯に取り組むという姿勢が必要であって、同業他社よりも圧倒的な取り組みをする必要や、あるいは本質的な課題を目指すのは、前者の課題に限られます。

関連ケイパビリティの例

ナチュラ 持続可能性に関連付けたマネジメント：地球環境に対する責任をオペレーションの重要な一部とし、すべての活動でこの理念を表現[91]

セメックス 持続可能な建築資材開発：作業コストの抑制と環境配慮を両立させる機会を創出

一社で、地球や地域社会の抱えるすべての課題を解決することはできません。自らのビジネスの持続可能性の取り組みにおいては、何を最重要と考えるのかを明確にして取り組むべきです。

90 | Financial Times, 2019, "Beauty company Natura balances profitability and sustainability". https://www.ft.com/content/4795bbe2-e469-11e9-b8e0-026e07cbe5b4, Accessed January 28, 2021

91 | 第2条 株主はその議決権の行使及び、会社の統制を行うにおいては、誠実かつ、会社の活動が以下の基本的な原則と前提に従った事業活動が行われるようにする。……III. 会社の戦略的な意思決定や人材ポリシーが、その事業の持続可能な成長及び新たなプロジェクトの推進、会社が事業活動を行う地域から嘱託を受けた経済的なコミットメントの再確認、環境及び社会的な責任を確認し続けるという会社の存在理由に応えることを基本的かつ優先的な目標として行われる。……V. 会社の経営陣は、常に、経済的、環境及び、社会的な成長の代弁者であるというコミットメントを重要視しながら高い収益性、効率性及び競争力を目指す （NATURA & CO HOLDING S.A.「株主間契約」2019年9月4日）

ケイパビリティ例一覧

ケイパビリティ分野	概要	差別化ケイパビリティの例		
		アップル	アマゾン	インディテックス
01 商品・サービス開発力	新しい技術や商品、サービスを企画、実現し続ける能力	● **消費者インサイト**：将来の消費者ニーズを描く能力 ● **直観的な使いやすいデザインの開発**：顧客とのすべての接点におけるデザイン中心を一貫して維持する能力 ● **商品、サービスの画期的なイノベーション**：技術と社会の進展に伴い、新たな価値観を提示し、自身のケイパビリティも進化させ続ける能力 ● **技術統合**：社内外の優れた技術をシームレスに組み合わせ、デザインを実現する能力	● **迅速かつ効果的なオンライン・マーチャンダイジング**：魅力的な商品を見つけ、それらをウェブサイト内の最も適切な場所で特集する能力 ● **高度な技術イノベーション**：顧客のショッピング体験が向上するようなアルゴリズムを含めた新たな技術を開発し続ける能力	● **深い顧客インサイト**：トレンドセッターやファッションショー、自社商品への市場の反応から、ターゲット顧客層にアピールするトレンドを把握 ● **最新の流行に敏感なデザインの商品**：顧客インサイトを素早く解釈し、製造可能性も考慮してデザインに反映
02 オペレーション力（調達製造物流）	調達、製造や物流などのオペレーションを推進する能力		● **多様な商品を扱うオペレーション能力**：技術、システム開発で大量多種の在庫を多数のパートナーと取り扱う能力	● **機敏に反応する製造とオペレーション**：高速でシームレスな統合ロジスティクスシステムと、生産フェーズの巧みな設計（例：染色フェーズをプロセスの後半に配置）による柔軟性の確保

スターバックス	ナチュラ	セメックス	レゴ
● **商品と店舗による経験の開発**：トップダウン、社内外すべてのリソースを活用	● **商品開発能力**：毎年100種類以上の商品を開発、製造、輸送、販売する中で、複雑性をマネージしつつ、顧客の期待を損なわない品質とスピード感にてオペレーションを運営	● **ソリューション志向のイノベーション**：顧客の悩みに対応する新製品（例：エネルギー効率の優れたセメント）、サービス（インフラ保守や24時間・週7日配送対応）、デザイン案（新形態のコンクリート舗装）を提供 ● **持続可能な建築資材開発**：作業コストの抑制と環境配慮を両立させる機会を創出	● **あらゆる年齢層に向けた魅力的なブロックやセット商品のデザイン**：デザイナー間の協調的イノベーションと、子供の遊びや学習に関する徹底的な研究、ファンとの連携などにより、魅力的な商品を開発し続ける
	● **オペレーション能力**：毎年100種類以上の新商品を扱いつつ、顧客の期待を損なわない品質とスピード感を維持 ● **クリエイティブな調達**：サプライヤーのネットワークを構築維持し、熱帯雨林の生産物の独自の入手ルートを構築	● **確実なオペレーション**：データの取得分析、情報インフラ、高精度の物流などにより実現	● **複雑性の管理**：効率的なオペレーションプロセスの適切な設計に加え、商品開発段階から一定の価格と収益性の水準を明確にし順守することで、高い利益率を維持しつつ多くのパーツとブロックセットを生産し、顧客に届ける ● **消費者志向のプラットフォームの管理**：オンラインとオフラインの活動（フォーラムやクラブなど）で熱心なレゴファンのネットワークとコミュニティ形式のエンゲージメントを創出

ケイパビリティ分野	概要	差別化ケイパビリティの例			
		アップル	アマゾン	インディテックス	
03 顧客接点の設計運営力	店舗、営業員、オンラインなどを通じて顧客との接点を持ち、情報提供や販売などを行う能力		● **データを活用したリレーション管理**：顧客別のレコメンデーション（その顧客が親近感を持ちそうなほかの商品をお勧め）、ページのパーソナライゼーション（顧客に合わせたページの表示）など ● **小売インターフェイスのデザイン能力**：操作性や機能開発（レコメン、検索や比較）により買いやすい店づくり		
04 人財の採用・配置・処遇・育成力	自社の目的を達成するために、必要な人財を採用、配置、処遇、育成して最大の価値を引き出す能力				
05 M&A・PMI力	他社を買収し統合することで自社のビジネスを展開する能力				
06 地域拡大実行力	世界規模で、一貫性のある価値提供を可能にする能力			● **世界規模の一貫したブランディング**：ターゲット顧客、品揃え、店舗の立地、マーチャンダイジング、要員配置、アフターサービスなどにおいて一貫して一定の経験を提供するべく、プロセス、インフラを確立	
07 持続可能性の維持力	将来にわたって地域社会や地球環境と一体化して事業を展開するための、先見の明を持って事業を行う能力				

スターバックス	ナチュラ	セメックス	レゴ
● **「サードプレイス」の経験の提供**：すべての要素を細かい部分まで整理調整し、美味しいコーヒーを飲むことができる「サードプレイス」であり続けるというブランドの約束を実現 ● **直営店の集中出店によるビジネスの効率的な運営と、店舗サービスの質の確保**	● **ダイレクトセールスチャネル**：優秀な営業員（ブラジルで150万人のコンサルタント網）による独自の強力な販売モデルを維持	● **顧客や地域社会との長期的な関係の構築**：踏み込んだコンサルティングや関係構築作業によって、顧客のニーズに関する他社にはない洞察を得、競合参入を防ぐ障壁を築いている	
● **献身的な従業員集団の採用と維持**：店舗での経験の提供のためにさまざまな手段を用いて忠誠心を育てている			
		● **高度かつ最適な事業運営アプローチの共有、徹底**：One CEMEXにより取り組むべき事業運営アプローチを明確にする	
● **直営店の集中出店によるビジネスの効率的な運営と、店舗サービスの質の確保**			● **品質と学び志向のブランド構築**：遊びを通した認知機能の発達や関連スキルの成長というメリットをプロモーションしている
	● **持続可能性に関連付けたマネジメント**：地球環境に対する責任をオペレーションの重要な一部とし、すべての活動でこの理念を表現	● **持続可能な建築資材開発**：作業コストの抑制と環境配慮を両立させる機会を創出	

商品・サービス

どのような商品・サービスを提供するのか？

商品・サービスとビジネスモデル

　ビジネスモデルを考えるにあたっては、商品やサービスから、決めることが多いかもしれません。しかし、商品・サービスがある程度決まっている場合でも、戦い方（価値提供）やケイパビリティに即した商品・サービス体系を検討しなくてはなりません。

　アマゾンは何でも扱う「エブリシングストア」ですが、オンラインの書店として事業を始めました。まず決めたのは、インターネットの広がりに合わせて、無限の品揃えをリーズナブルな価格でストレスなく買える場を提供するという戦い方（価値提供）です。その上で、コンピュータソフト、事務用品、アパレル、音楽などの20種類の商品を検討しました。その結果、書籍というカテゴリーだけでも、無限の種類の品揃えがあり、自社の戦い方（価値提供）を実現できると結論づけました。戦い方（価値提供）やケイパビリティから考えた際にどのような商品・サービスがよいのかを考えた例です。

　星野リゾートが北海道のほぼ真ん中にあるトマムで運営するリゾートでも、子供連れのファミリー客をターゲットとするためにサービスを充実させ[92]、戦い方（価値提供）に即した商品・サービス体系を構築しました。星野リゾートは、旅館・ホテルの運営会社です。2021年8月時点で60を越える、それぞれにユニークなコンセプトの施設を運営しています。

---

92 | 中沢康彦著，2010.『星野リゾートの教科書─サービスと利益 両立の法則』日経BP社

　2004年に星野リゾートが運営を引き継いだときには、トマムはニセコ、サホロ、キロロ、ルスツという他の4つの大規模リゾートの間に埋没していました。スキー場としての大きさ、アクセスなど際立った特徴も優位性もない状況でした。

　そこで、星野リゾートは、ターゲットとなる顧客を子連れのファミリーに絞り込み、そのニーズに合ったサービスを充実させました。30〜40代の子連れのファミリーは、かつてスキーの大ブームを経験したものの、育児や仕事に時間をとられてスキーから遠ざかっている顧客です。そんなファミリー向けに、冬にはゲレンデに小さなジャンプ台や迷路など子供がスキーで遊べる一角を設け、夏には敷地内のゴルフ場での子供のプレー代金を無料としました。また、一般の個人旅行客よりもスペースが必要なファミリー向けに全室スウィートのタワーも設けました。この他にも、15分単位で利用できる託児コーナー、小さな子供向けの食事メニューなど、多くの工夫したサービスを提供しています。

　これらの商品・サービスが功を奏し、2008年末から2009年初めのリーマンショックによる不況の中にあっても、トマムの宿泊数は前年比10％の伸びを記録しました。戦い方（価値提供）に商品・サービスを合わせることで顧客満足度とリピート率を上げ、売上と収益性を改善させたのです。他とは全く差別化できていない、希少ではないサービスを提供していたトマムが、ターゲットを絞ることで、そのターゲット特有のニーズに丁寧に応える希少なサービスに生まれ変わり、再生を果たしました。

商品・サービスと希少性

　商品・サービスは、消費者向けか法人向けか、規模が効くか否か、設備産業か否か、必需品か嗜好品か、産業別、その他いかようにも分類できますが、ここでは「希少性」に着目して分類をします。その商品・サービスが希少か否かで、商品・サービスの他に、どのような取り組みをどの程度行うべきなのかが、ある程度決まるからです。

　商品・サービスは希少であればあるほど、顧客に対する価値が大きく、価格競争に巻き込まれにくくなる傾向があります。ずっと欲しかった滅多に見つけることができない特別な商品は、いくらお金を積んでも手に入れたい、そういう感覚です。逆に、どれを選んでも同じような商品は、どのように選ばれるでしょうか？　見た目も、機能も同じ、提供している会社もどれも信頼できる、そんな場合、多くの人は、最終的には価格で選ぶのではないでしょうか。商品・サービスが差別化できないと、価格競争に陥ってしまいがちです。

　石油やダイヤモンドなど、どう考えても、希少な商品・サービスを独占している、そのようなケースもあります。アップルのように、スマートフォンというカテゴリーを圧倒的に一般化し、創出した、そんな活動をするビジネスもあります。しかし、ビジネスを考える際には、その商品・サービスは他に見たことがある、一見希少性のないものであることがほとんどです。特に日本などの先進国では、多くのものは行きわたってしまっていて、新しい希少性を出すのは極めて難しく思えます。
　この問題を乗り越えるための知恵もあります。商品・サービス自体が特段希少ではなくとも、一定のお客さまに対して、あるいは、戦い方（価値提供）と組み合わせることで、希少性を出すことができる場合があるのです。

　たとえば、スターバックスについて考えてみましょう。
　提供するコーヒーは、高品質というこだわりはありますが入手不可能なコーヒーではなく、また、喫茶店というコーヒーを飲む場所もそれだけでは希少性はありません。しかし、スターバックスは、質の良いコーヒーと、コーヒーを飲む場所を、家でも職場でもない、地域の憩いの場である「サードプレイス」という「場」として提供することで、他にはない希少な価値を持つ、差別化された商品・サービスを創出することができました。

このように、そのものは必ずしも希少ではない商品・サービスにおいても、工夫によって価値を創出することにより、差別化ができることがあるのです。

事業主体の姿勢自体が差別化の源泉となるケースもあります。商品・サービスを提供する事業主体が尊敬できる志を持っており、それが事業の運営方法に反映されていることが広く知られていれば、そのような希少性のある事業主体の商品・サービスが選ばれるでしょう。

また、セメックスは、セメントという汎用性の高い商品を扱いながら、顧客へ商品を届ける時間などの、品質を確保したオペレーションを確立することで、独自の価値の提供をしました。アマゾンはネット通販が一般化しても、その買い物のしやすさ、宅配のスピードなどにより独自の価値を築き、多くの顧客の支持を受けています。

このような場合、商品・サービス自体が特段希少でなくとも、ケイパビリティによって希少性を付加され、他と差別化ができる価値のある商品・サービスとすることができます。

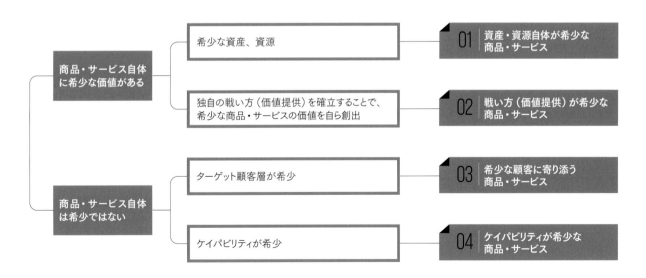

高価格をおそれない
商品・サービスの価値の大きさ ＝ 価格 × 価値を感じる人数

商品・サービスの希少性が高く、需要が供給を上回るほどビジネスも強くなります。

一方で、希少性が高くなればなるほど、その希少な商品・サービスを欲するニーズを持つ人の数は減少します。価格は、その商品を欲しいと思う人が、どのくらい強く商品を欲しいと思っているかが反映されますので、希少性が高い商品ほど価格は高くなります。

商品・サービスの売上は、＜ 商品・サービスの価格 × 商品を購入する人数 ＞です。つまり、商品・サービスの売上は価格の高さ、購入人数の片方だけでは決まらず、両者の最適なバランスをとった、掛け算の結果（面積）が最大化される場合に、価値も最大化されていると言えます。

商品・サービスを必要以上に安売りするのは、事業機会を逃していることになりますし、一方で、顧客が感じる価値以上に商品・サービスを値付けすれば、そもそも売れ行きが悪くなってしまいます。

商品・サービスや戦い方（価値提供）を考える場合に、その商品・サービスの価値に反応する人数の大きさだけに注目が行きがちですが、そうすると、価格のみに依存する競争に陥り、差別化のためブランドを構築する活動がおろそかになりがちです。こうした事態を避けるためにも、商品・サービスの価値は、価値を感じる人数と1人あたりの価値の大きさとの掛け算であるという側面を忘れないようにしたいものです。

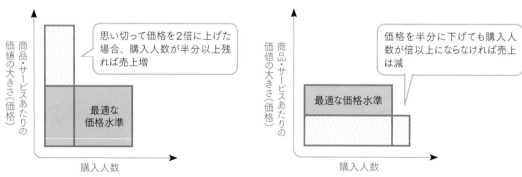

商品・サービスと戦い方（価値提供）、ケイパビリティの深い関係性

　商品・サービスと戦い方（価値提供）、ケイパビリティは、互いに強く影響し合います。

　商品・サービスそのものに希少性がなくても、戦い方（価値提供）を工夫することで、商品・サービスに希少性、差別化の源泉が生まれることがあります。その戦い方（価値提供）を商品・サービスに反映させて、さらにケイパビリティで支えて磨きこむことで、他にはない差別化された（希少性のある）ビジネスモデルができあがるのです。

　先ほどのスターバックスの例では、当初から質の良いコーヒーとサードプレイスという明確なコンセプトがありました。創業当初はインスピレーションの源でもあったヨーロッパのカフェに倣い、カウンターで椅子はなく、クラシックが流れ、バリスタも白のワイシャツに蝶ネクタイでした。

　その後、アメリカにおけるサードプレイスとしての戦い方（価値提供）を具現化するために、椅子やソファをおいてくつろげるようにし、音楽やバリスタの服装もアメリカの顧客層に受け入れられるものにしました。

　商品も、品質の高いエスプレッソドリンクに加えて、牛乳やノンファットミルクを使用したカプチーノやカフェ・ラテ、さらには、全く新しい冷たい飲料、フラペチーノも提供し始めました[93]。戦い方（価値提供）に合わせて、商品・サービスもアップデートし続けているのです。

　このように、商品・サービスが戦い方（価値提供）、それらを実現する組織能力（ケイパビリティ）とかみ合うことでビジネスに希少性が生まれ、大きな価値を生み始めます。

---

93 ｜ ハワード・シュルツ著，ドリー・ジョーンズ・ヤング著，小幡照雄訳，大川修二訳，1998.『スターバックス成功物語』日経BP社

01 資産・資源自体が希少な商品・サービス

 ## 概要

歴史的な背景などにより、自社で希少な資産・資源の独占が可能となっている価値のある商品・サービス。

　非常に価値があり、他に提供できる人があまりない、「宝」ともいえる商品・サービスがあります。

　「宝」には、石油やダイヤモンドのような先天的な宝もありますが、技術や研究結果などの法令で守られるものもあります。

　製薬企業やテクノロジー企業は、新しい化合物や技術を開発するために、多くの労力や多額の資金を研究開発に費やします。これらの技術に特許などの知的財産の保護を受け、独占状態を確保して商品・サービス化します。つまり、特許などによる希少性が確保されるので、多額の資金を投資して研究開発を行うことができるのです。不治の病と言われた多くの病気が治療できるようになったのも、スマートフォンなどが革新を続けるのも、これらの価値を生み出す努力の成果です。

　このように、希少な資産、資源に基づく商品・サービスも、その確立や持続可能性には特別な取り組みが必要となります。

商品・サービスの特徴

希少性が高い価値のある商品

一定の権益などにより寡占や独占状態であることが多い

強みとチャレンジ

長期的な優位性を保ちやすい

環境や市場の変化があった場合、商品・サービスの特権のみに依存していると、変化を乗り越えられないことがある

資産・資源自体が希少な商品・サービスの例

希少な技術
- 特許で保護された技術
- 著作権で保護された
  著作物
など

希少なブランド
- 「元祖〇〇」
- 「〇〇ブランド」
など

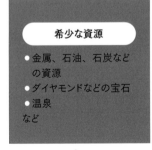

希少な資源
- 金属、石油、石炭など
  の資源
- ダイヤモンドなどの宝石
- 温泉
など

希少な才能、資質
- スポーツ選手
- アーティスト
など

希少な人工物
- 遺跡
- 文化・自然遺産
- 芸術作品
など

戦い方（価値提供）との関係

■ リソース分配者

希少な商品・サービスは、適切な管理を前提にしています。供給量をコントロールして多すぎず少なすぎずという状態を達成する、偽物が入りにくくなる状態をつくるなどの仕組みがなければ、珍しさや価値が失われますし、価値がなくなってしまうこともあり得ます。

その他の価値

■ 評判プレーヤー

■ 経験の提供者

商品・サービスの性質と整合するケイパビリティ

■ 希少な資産を維持管理する能力

他者の無制限のアクセスを制約するなど、限りある資産や資源の希少性を守りつつ、配慮を持って商品・サービスを展開する能力。

■ 希少な資産を商品・サービスを通じて配分する能力

特定の主体による、資産・資源などの独占が許される商品・サービスのため、一定の公平性を持って事業を行うことが、通常のビジネスよりも強く求められます。

■ イノベーションを起こし続ける能力

時代や市場環境を超えて事業の継続性を確保するためには、商品・サービスに対する需要の状況、根本的な変化があるかどうかを見つつ、主体的に変革を主導し続けなくてはなりません。

---

94 | 石油便覧「石油産業の歴史」第1章第3節（ENEOSグループ、https://www.eneos.co.jp/binran/document/part01/chapter01/section03.html、2021年2月15日閲覧）

95 | 「（OPECの）設立時における具体的目的は、「石油各社が石油価格を安定させ、不必要ないかなる変動もないように維持すること」を加盟国が要求し、「自らの判断によるあらゆる方法により、現行価格を値下げ以前に一般的であった水準に回復し、確定すること」であった。」（石油便覧「石油産業の歴史」第1章第4節）

96 | 2019年のOPECの一日あたりの原油産出量は37.4％と4割を切り、一国あたりの産油量もアメリカが最大になっています（bp「Statistical Review of World Energy 2020」https://www.bp.com/content/dam/bp/business-sites/en/global/corporate/pdfs/energy-economics/statistical-review/bp-stats-review-2020-full-report.pdf?utm_source=BP_Global_GroupCommunications_UK_external&utm_medium=email&utm_campaign=11599394_Statistical%20Review%202020%20-%20on%20the%20day%20reminder&dm_i=1PGC%2C6WM5E%2COV0LQ4%2CRQW75%2C1、2021年3月28日閲覧）

97 | 主要国のOPECへの依存度は長期的に減少しています。日本は1970年に95.1％であったのが2019年には78.1％ですが、ドイツ90％から25.2％、アメリカ78.3％から21.8％、イギリスは88.6％から19.9％と大幅に依存度を低めています（ENEOS石油便覧資料編データ集国際関連石油上流部門「第16表 主要国のOPEC原油輸入量と依存度の推移」https://www.eneos.co.jp/binran/document/data/pdf/16.pdf、2021年3月28日閲覧）

論点｜変化する希少性

　石油は先天的に希少な資源です。世界最大の企業10社には、毎年のように石油大手各社が顔を並べます。原油はガソリンなどの燃料や、プラスチックや化学繊維など多くの化学製品の原料となり、私たちの生活を便利にしてくれます。石油に関しては第二次大戦前後、掘削技術を持つ欧米の石油メジャーが、事業の利益の多くを獲得していました。1960年に産油国の石油収入拡大のためにOPECが設立され、石油産業の国有化も次第に進み、1970年頃までに産油国の事業参加も進みました。これによりようやく産油国が実質的な支配権を取り戻し、世界でも有数の豊かな地域となることができました[94][95]。

希少性の変化

　ところが最近石油の希少性に課題が生じています。1つは、OPEC以外での原油生産が活発になっているということです。原油価格の高騰により各国での開発が活発化し[96]、OPECの供給への依存度が低下しています[97]。同時に、電気自動車の普及[98]など脱化石燃料の動きが加速し、石油に依存しない技術、社会への再構築が進むことにより、需要の減少というもう1つの課題が顕在化しています。長年続いた石油の希少性が供給、需要両面から揺らいでいます。

変化への対応の重要性

　この課題に、石油ビジネスの担い手たちも対応しようとしています。徐々に事業活動を上流の原油の供給から下流の石油産業へと拡大させたり[99][100]、新しいエネルギーの研究開発普及に力を注いだりしています[101]。これにより近い将来やってくる、かつて希少で極めて価値のあった商品がその役目を終えた後の市場に対する備えを用意しつつあるのです。

---

98 ｜ 2019年現在、2030年までに世界主要各国で電気自動車は40％前後の普及率に達するとみられています（EU（40％）、アメリカ（2035年までに35％）、中国（46％）「Strategy＆デジタル自動車レポート2019」https://www.strategyand.pwc.com/jp/ja/publications/digital-auto-2019.pdf、2021年3月28日閲覧）、また、たとえばノルウェーは2020年現在で82％と既に広く普及しています（PwC Strategy＆「E-Mobility Sales Review Q4 2020」https://www.strategyand.pwc.com/de/en/insights/2020/e-mobility-sales-review-q4/e-mobility-sales-review-q4.pdf、2021年3月28日閲覧）

99 ｜ サウジアラビア，ダーラン，2020年6月17日．「アラムコ、PIFからのSABIC株70％取得手続き完了」https://japan.aramco.com/ja-jp/news-media/news/2020/20200617_saudi-aramco-completes-acquisition-of-70-percent-stake-in-sabic、2021年3月28日閲覧

100 ｜ ADNOCの2018年公表, https://www.spglobal.com/platts/en/market-insights/latest-news/natural-gas/072220-uaes-adnoc-to-invest-in-local-chemicals-projects-amid-45-billion-downstream-push#:~:text=Downstream%20strategy,capacity%20in%20the%20industrial%20hub、2021年3月28日閲覧

101 ｜ 特にShell、Repsol、BPなどが積極的に新しい取り組みを進めています（「Sustainability strategies for Oil and Gas | Strategy＆ Deutschland」https://www.strategyand.pwc.com/de/de/kernkompetenzen/sustainable-impact-made-real/sustainability-strategies-for-oil-and-gas.pdf、2021年3月28日閲覧）

02 戦い方（価値提供）が希少な 商品・サービス

概要

市場に従来はなかった、新しい価値を創出し、提供する商品・サービス。

　技術の進歩や、商品・サービスの提案方法における全く新しい視点を得ることで、新しい商品・サービスのカテゴリーを創出するような商品・サービスがあります。

　たとえば、アップルのPCや携帯端末などは既存のニッチな商品のターゲットを、より一般的な生活者に変えて大きなカテゴリーを創出しました。また、アマゾンはエブリシングストアという、インターネットが普及する前には考えられなかったコンセプトの小売を実現させました。
　最近では、自動車や自転車を使いたいときに簡単に借りて使うことができるシェアリングのサービスが広がっています。これも、従来は所有するものであった自動車や自転車を所有せずに共有することで、移動に特化した新しい価値を提供するものと言えます。

　これらの商品・サービスは、一定期間の独占が守られるわけではありませんが、全く新しいコンセプトで価値をつくり出すので、短期的に競合がいない、いわゆるブルーオーシャンでの事業展開が可能になります。また、同業他社が出現する前に、他社が追いつけないほどのケイパビリティを構築することができれば、優位性を維持し続けることもできます。

商品・サービスの特徴

市場にない新しい価値を提供する

独自のケイパビリティ体系の構築により、事業の安定的な差別化を実現し得る

強みとチャレンジ

先行者利益により、強いビジネスを有利に構築することができる

価値が市場に受け入れられ、他社が参入するまでの短期間のうちに、自社の独自の強みを構築する必要がある

戦い方（価値提供）が希少な商品・サービスの例

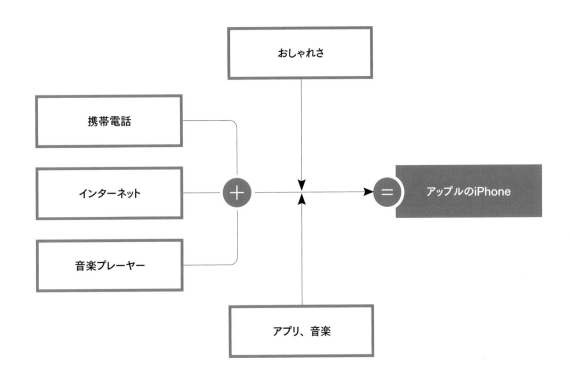

戦い方（価値提供）との関係

■ ソリューション提供者

この商品・サービスは、新しい価値で課題に対するソリューションを提供するものです。

■ イノベーター

商品・サービスの新しい価値を通じて、イノベーションを起こし続けることで事業が継続しやすくなります。

その他の価値

■ カスタマイザー

■ 経験の提供者

商品・サービスの性質と整合するケイパビリティ

■ 市場のニーズを見極める能力

市場に提供するべき新しい価値を提供するためには、ニーズ（できれば本人も認識していない潜在的なニーズ）を見極める能力がなくてはなりません。

■ 新しい価値をオペレーションにおいて徹底して推進させる力

商品・サービス自体は同業他社も追随できますが、オペレーションの効率や質を追求し、誰よりもうまく価値を提供できる仕組みを構築しきることで、大きな差別化の源泉となります。

■ イノベーションを起こし続ける能力

商品・サービスに対するニーズの変化を捉え、自らその変革を主導していくことで、時代や市場環境を超えてビジネスを長続きさせることができるようになります。

102 ｜ ハワード・シュルツ著，ドリー・ジョーンズ・ヤング著，小幡照雄訳，大川修二訳，1998.『スターバックス成功物語』日経BP社

論点 | 課題解決と徹底力がカギを握る

スターバックスは、美味しいコーヒーも飲めるサードプレイスという新しい領域を切り開きました。ナチュラは、アマゾンと共生し、人と人とのつながりを得てより美しく生きることを応援するパーソナルケア商品という新しい領域を確立しました。これらは新しいことではありますが、アイデアさえあればできそうに思えます。しかし同時にこれらの商品・サービスは、見た目や、基本的な機能に従来のものとさほど違いがないので、差がつきにくくもあります。成功するためには、徹底力と取り組む課題の選択という2つの条件を満たす必要があります。

価値を表現しきる徹底力

新しい価値を提供する商品・サービスにおいては、徹底したオペレーションの組み立てと、提供する価値についてのコミュニケーションを丁寧に進めなくてはなりません。スターバックスが、店内でスタッフの接客を含め、サードプレイスを完璧に表現することができなければ、他のコーヒーショップとの違いがなくなってしまいます。また、ナチュラが、暮らしを支える自然を大切にするサプライチェーンの構築、運営や、コンサルタントを通じての顧客との対話をやめてしまったら、本当の幸せを通じて美しくなるという商品の意味合いが薄れてしまうことでしょう。

できる限り大きな課題を解決する価値に取り組む

新しい価値を提供する商品・サービスのもう1つの特徴は、解決する課題が大きいほどビジネスが大きく成長するということです。スターバックスのサードプレイスは、「ほっと一息つける」場所が必要という当時のアメリカで多くの人が抱える課題に対応し、大きく成長しました。さらに、アメリカのみならず先進諸国が豊かになる過程で失ってきたものを埋める形で世界中に受け入れられる価値となりました。スターバックスの提供するサードプレイスの価値は、場だけではなく、そのブランドと結びつき、テイクアウトや小売での商品販売にまで事業が拡大しています。

> 「何をやるにしても、危険を避けようとしたり、ありたりの方法で妥協したり、これまでの方式に合わせようとしてはならない。期待されたことをやるだけでは、期待以上の成果を上げることは不可能なのである」
> スターバックス元会長兼CEO
> **ハワード・シュルツ**[102]

03 希少な顧客に寄り添う 商品・サービス

概要

すべての顧客を対象とするのではなく、一定のニーズを共有するなどの顧客を
ターゲットに定めて、その顧客のニッチなニーズに寄り添う商品・サービス。

　ビジネスを考える際にすべての人に受け入れられるような商品・サービスを目指すこと
は多いでしょう。しかし、それで希少性を確保できるケースは限られています。特定の顧
客層に着目し、そのニーズに対応することで、商品・サービスに希少性を確保できるよう
になります。

　たとえば、ファミリー向けのリゾート、アレルギー対応食、シニア向け個別包装のフリー
ズドライ味噌汁など。いずれも、もともとの商品・サービスは一般的で、希少性に欠ける
ものですが、対象とする顧客セグメントのニーズに対応することで希少性を得ています。

　この場合、ターゲット顧客（ファミリー、アレルギーのある人、単身、あるいは、小規
模世帯のシニア、自社のロイヤル顧客など）を定めた上で、対応する商品、サービスをつ
くり込むこととなります。そして、それにより確度の高い、効率のよいビジネスモデルを
構築する基盤とすることもできます。

商品・サービスの特徴

市場のすべての人を対象とするので
はなく、特定の顧客のニーズに注目す
る

希少な顧客に寄り添う商品・サービス
を提供することで、市場に強い存在
感を確立する

強みとチャレンジ

特定の顧客のニーズに注目するため、
ターゲット顧客の満足度を得やすい

市場の広がりに限界があると見えるた
め、競合の参入が少ないことも多い

特殊なニーズを持つ希少な顧客が大
きなセグメントに変化することがある

顧客のニーズの選択を誤ると、事業
の広がりが極めて限定的になる

希少な顧客に寄り添う商品・サービスの例

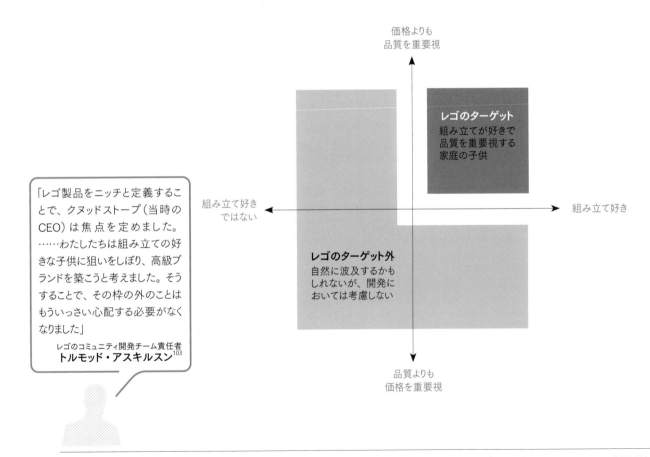

「レゴ製品をニッチと定義することで、クヌッドストープ（当時のCEO）は焦点を定めました。……わたしたちは組み立ての好きな子供に狙いをしぼり、高級ブランドを築こうと考えました。そうすることで、その枠の外のことはもういっさい心配する必要がなくなりました」

レゴのコミュニティ開発チーム責任者
トルモッド・アスキルスン[103]

価格よりも
品質を重要視

組み立て好き
ではない

組み立て好き

レゴのターゲット
組み立てが好きで
品質を重要視する
家庭の子供

レゴのターゲット外
自然に波及するかも
しれないが、開発に
おいては考慮しない

品質よりも
価格を重要視

103 | デビッド・ロバートソン著，ビル・ブリーン著，黒輪篤嗣訳，2014.『レゴはなぜ世界で愛され続けているのか—最高のブランドを支えるイノベーション7つの真理』日本経済新聞出版社

戦い方（価値提供）との関係

■ ソリューション提供者

カテゴリー内の新領域を創出する商品・サービスの導出方法のひとつです。すべての商品・サービスは顧客の何らかの課題に対する解決を提示するものです。商品・サービスが一般化すればその課題は存在しなかったかのように思えるようになります。ソリューションの提供者であるということは、新しい価値を創出するということでもあります。

その他の価値

■ カスタマイザー

■ 経験の提供者

商品・サービスの性質と整合するケイパビリティ

■ 顧客理解の能力

自社がターゲットとする顧客の現状や変化、課題、必要なものをいち早く、深く理解する能力が、この商品・サービスを提供するための大前提となります。

■ 商品・サービス開発能力

ターゲットとする顧客のニーズの理解に則った商品・サービスを開発し続けることが、ビジネスの原動力になります。

■ オペレーション推進力

ターゲットとする顧客に最も効果的に、効率よくリーチできるように、オペレーションを設計し、遂行することで、商品・サービスが意味を持ち、また、さらなる理解と商品・サービス開発のための原資をつくり出すことができます。

⚠ 論点｜社会や時代の変換期と希少な顧客

特定の希少な顧客向けに提供する希少な商品・サービスは、市場の平均像を対象に提供される一般的な商品・サービスとは異なり、希少な顧客を明確に設定し、そのニーズに対して提供するものです。これにより、顧客との関係性をより強く築くことができます。このタイプの商品・サービスには、2つの重要な特色があります。

希少な顧客に希少な商品・サービスを提供する希少なパートナー

この商品・サービスは、概して市場の小さな、特殊な顧客に向けたものにとどまりがちです。しかしながら、これらの顧客は非常に強いニーズを持っているため、それを満たす商品・サービスを提供することで顧客との関係は非常に強いものとなります。また、対象市場の特殊性や規模から、先行する自社に続く同業他社が入ってきにくいというメリットもあります。

たとえば、日本では、お菓子を食べるのに手間をかけてもよい工作好きの子供のために、食べる前に材料を混ぜ、成形、加工する知育菓子というカテゴリーがあります。知育菓子は、このカテゴリーをつくり出し育ててきた企業がほぼ独占しています。普通の菓子よりも高い価格を確保できる安定的市場でありながら、ニーズが特殊であることなどから同業他社の参入が限定的でもあります。

構築した希少なポジショニングが化けるとき

さらに、より重要なのは、平均的な顧客とは異なるニーズを持つ希少な顧客セグメントが、突如として大きな、そして重要な顧客セグメントとなることがあることです。特に、社会や時代が大きく変化する際に、希少な顧客が希少なニーズを保ったまま、その数を増し、大きな市場を形成するという現象も起き得ます。

たとえば、共働き世帯の増加は大きな社会構造の変革をもたらしています。特にフルタイムで働く母親は、従来の「母親」とは大きく異なるニーズを持ちます。ファッションだけではなく、家事や育児をすることができる時間の長さや時間帯が食料品などの買い方、買うものに違いをもたらしています。従来、働く母親たちは、既存の商品・サービスに自分の生活を合わせていました。そこに、新しい買い方ができる新しい商品・サービスが出てきたら、多くの働く母親に支持されることでしょう。そして、実際は、世の中一般的に考えられているよりも、働く母親が支える家庭が多く、この支持を強く得られる商品・サービスを提供しているビジネスは、大きな機会を得ることができるのです。

04 ケイパビリティが 希少な商品・サービス

概要

同業他社の商品・サービスと比べて、特段に希少性がないものの、
希少なケイパビリティにより差別化を実現している商品・サービス。

　世の中の多くの商品・サービスは特段に希少性がないとも言えます。消費者としては、だからこそ選択肢が豊富にあり、ニュアンスで商品を選んだりする楽しみを持てるとも言えます。ビジネスから見ても扱いやすく、裾野が広がりやすい商品・サービスです。そのため、多くの事業主が市場に参加します。

　顧客は少しの違いや価格で商品・サービスを選ぶので、機能開発や価格の果てしない熾烈な競争に陥りがちです。カテゴリーリーダーの規模を活かした機能開発や価格競争に押し出されないよう、何らかの工夫による、持続可能かつ他社では真似ができないようなコスト優位性を実現する必要があります。持続するビジネスをつくるという意味では難しい商品・サービスです。

　商品・サービスの改善競争から一歩抜けるためには、商品・サービス以外の希少性を持たせることです。逆に、商品・サービス外の希少性をつくり上げることなしに持続しているビジネスはないと言っても過言ではないでしょう。

　具体的には、戦い方(価値提供)が希少である、あるいは、提供主体のケイパビリティが希少である、この2つのケースが考えられます。

商品・サービスの特徴

特段に、同業他社の商品・サービスと比べて異なるところがない

多くの商品・サービスがこれに該当

多くの人が求める必需品で、取り扱いやすい

差別化のできたケイパビリティと戦い方(価値提供)を明確にし、ビジネスモデルを差別化する

強みとチャレンジ

戦い方(価値提供)を価格や小さな機能性に求めようとすると、果てしない競争に陥り、事業の継続自体が困難になってしまう

ケイパビリティが希少な商品・サービスの例

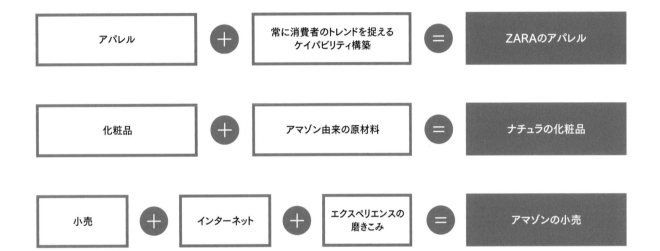

戦い方（価値提供）との関係

■ 評判プレーヤー

商品・サービスが同じでも、尊敬される会社の商品であれば選ばれやすくなります。レピュテーション（評判）を戦い方（価値提供）として持つ企業は、地球環境、地域社会との関係性を大切にし、事業の持続可能性を事業運営の根本において強く意識しています。

■ バリュープレーヤー

信頼できる品質と低価格のバランスを実現できるバリュープレーヤーは価値提供として強みを持ちます。

その他の価値

■ カテゴリーリーダー

商品・サービスの性質と整合するケイパビリティ

■ オペレーション推進力

多くの競合が同じような商品・サービスを提供するため、効果的かつ効率よいオペレーションの推進が重要な能力となります。オペレーションにより体系的に差別化を構築することができればビジネスモデルを強くすることができます。

■ 商品・サービス開発能力

ターゲットとする顧客のニーズの理解に則った商品・サービスを開発し続けることが、ビジネスの原動力になります。

■ コミュニケーション能力

商品・サービスによる差別化や、価格競争の代わりに、信頼できる事業主体である、信頼できる品質であるというブランド、コミュニケーションがビジネスモデルを支えることも多くあります。

! 論点 ｜ 希少でないのに希少？

　希少性のない商品・サービスを提供しているのに、希少。一見矛盾しているように感じられるかもしれません。この矛盾ゆえに、このタイプの商品・サービスはビジネスモデルをつくるのがいちばん難しく、それゆえ、やりがいがあるものとも言えます。

　この矛盾は、価値提供か、提供主体のケイパビリティが希少であることで解消できるということは述べた通りですが、それでも特に、機能開発競争と、希少な価値をつくり出すこととを混同しないようにする必要があります。この2つの違いは、つくり出された新しい機能などに支えられる価値が、真似しにくいものかどうかということです。そのため、希少な存在となるのに時間がかかるケースが多くあります。

　たとえば、私たちの身近にある炭酸飲料、ハンバーガーなどには多くのブランドがひしめいています。この中でのトップブランドの強さは、多くの人が子供のころからその味に親しみ、大人になってもその味、ブランドを好み続けるからだと言われています。だとすると、これらのブランドはおそらく以下の4つの価値提供とケイパビリティを備えているのでしょう。

① 長く着実に安定的に提供し続けること
② 飲食の環境が変わっても相対的な味の位置づけが安定していること（必ずしも味が変わらないという意味ではない）
③ 子供にも大人にも支持されやすい場所や提供方法が継続的に確保されていること
④ 子供が飲んだり食べたりしても大丈夫だという安心感があること

　ビジネスモデルは、戦い方（価値提供）、ケイパビリティ、商品・サービスの3つの一貫性のある連携によりできるという典型的な例を、この商品・サービスのタイプで見ることができます。

商品・サービスの分類一覧

基本要素	概要	
01 資産・資源自体が希少な商品・サービス	歴史的な背景などにより、自社で希少な資産・資源の独占が可能となっている価値のある商品・サービス	
02 戦い方（価値提供）が希少な商品・サービス	市場に従来はなかった、新しい価値を創出し、提供する商品・サービス	
03 希少な顧客に寄り添う商品・サービス	すべての顧客を対象とするのではなく、一定のニーズを共有するなどの顧客をターゲットに定めて、その顧客のニッチなニーズに寄り添う商品・サービス	
04 ケイパビリティが希少な商品・サービス	同業他社の商品・サービスと比べて、特段に希少性がないものの、希少なケイパビリティにより差別化を実現している商品・サービス	

特徴	例
● 希少性が高い価値のある商品 ● 寡占状態にあることが多い ● 長期的な優位性を保ちやすい ● 環境や市場の変化があった場合、商品・サービスの特権のみに依存していると、変化を乗り越えられないことがある	● ダイヤモンドなどの貴金属、レアメタル ● 石油などの供給が管理されている資源 ● 遺跡、文化遺産 ● レゴブロック（開発当時） ● アマゾンのワンクリック（創業時） 　など
● 市場にない新しい価値を提供する ● 独自のケイパビリティ体系の構築により、事業の安定的な差別化を実現し得る ● 先行者利益により、強いビジネスを有利に構築することができる ● 価値が市場に受け入れられ、他社が参入するまでの短期間のうちに、自社の独自の強みを構築する必要がある	● アップルのスマートフォン ● アマゾンのエブリシングストア ● セメックスの環境に配慮したセメント ● ナチュラのアマゾン由来の原材料を使用した化粧品 ● スターバックスのサードプレイス ● レゴのセット商品 　など
● 市場のすべての人を対象とするのではなく、特定の顧客のニーズに注目する ● 希少な顧客に寄り添う商品・サービスを提供することで、市場に強い存在感を確立する ● 特定の顧客のニーズに注目するため、ターゲット顧客の満足度を得やすい ● 市場の広がりに限界があると見えるため、競合の参入が少ないことも多い ● 特殊なニーズを持つ希少な顧客が大きなセグメントに変化することがある ● 顧客のニーズの選択を誤ると、事業の広がりが極めて限定的になる	● 組み立てが好きな子供と教育熱心な親をターゲットとするレゴブロック ● 大量の芋を簡単に洗う必要のある地域に対応した芋洗い用洗濯機 　など
● 特段に、同業他社の商品・サービスと比べて異なるところがない ● 多くの商品・サービスがこれに該当 ● 多くの人が求める必需品で、取り扱いやすい ● 差別化のできたケイパビリティと戦い方（価値提供）を明確にし、ビジネスモデルを差別化する ● 戦い方（価値提供）を価格や小さな機能性に求めようとすると、果てしない競争に陥り、事業の継続自体が困難になってしまう	● ナチュラの一般的な化粧品（環境に優しい事業という信頼による差別化） ● ZARAのベーシック衣料（流行を素早く追うブランドであるという信頼による差別化） ● アップルのコンピュータ、デジタル音楽プレーヤー、スマートフォン（蓄積された強いブランドによる差別化） 　など

Part 3

実践編

利益を生み出す
ビジネスモデルをつくる

いつビジネスモデルを検討するのか？

　ビジネスモデルを検討するのはビジネスを始めるときだけではありません。何社かの例で見てきたように、ビジネスを始めてしばらくたっても、ビジネスモデルを検討し続けることで、ビジネスは長生きすることができます。ビジネスモデルを意識し続けていれば、どのようなケイパビリティ体系に投資し続けるべきなのかは明確ですし、戦い方（価値提供）、ケイパビリティと商品・サービスの一貫性があるかを確認することもできます。ビジネスを始めるとき以外で、ビジネスモデルを検討するべき場合が2つあります。1つは、ケイパビリティを充電しビジネスのバージョンアップをしていく場合。もう1つは、ビジネスモデルの引っ越し、あるいは、いわゆるスクラップアンドビルドが必要な場合です。

ケイパビリティの充電とモデルチェンジ

　ビジネスモデルは、完成した瞬間から陳腐化していきます。特に、ケイパビリティ体系は充電やモデルチェンジし続けなくてはなりません。スーパーヒーローのロボットスーツでも、スーツが充電切れになれば最大の力を発揮できず、時間がたてば、スーツに故障が生じたり、より強い敵が現れたりして、スーツのモデルチェンジが必要になるでしょう。ビジネスモデルも同じです。市場の変化に合わせて常に手間暇と資金をかけてメンテナンス、充電し、新しい技術などに応じてバージョンアップしていかなければ、ビジネスモデルを回すためのケイパビリティは陳腐化してしまいます。

　室町時代後期の創業以来500年愛され続けている[104]虎屋の経営理念は「美味しい和菓子を喜んで召し上がっていただく」[105]というシンプルなものです。一方、「美味しい」の在り方や、「喜んで召し上がっていただく」ためのケイパビリティは絶えずアップデートされ続けています。

> 「500年続く企業を率いていると、『伝統が大切ですね』とみなさんおっしゃいます。もちろん伝統は大切です。けれどいちばん大切なのは"今"です。今、生きている皆さん、今、買い物に来てくださる皆さんに最大限の気を配り、おいしいと思っていただけるような菓子を作らなくてはならない。伝統だけでは今日の仕事はできません。今、どうあるべきかを追求していかなくてはならないと思っています」
>
> 虎屋社長（2017年1月17日当時）
> **黒川光博**[106]

104 ｜ とらや，2021. 「とらやの歴史」 https://www.toraya-group.co.jp/toraya/corporate/、2021年9月14日閲覧
105 ｜ とらや，2021. 「企業としての取り組み」 https://www.toraya-group.co.jp/toraya/corporate/、2021年9月14日閲覧
106 ｜ 日経ビジネス，黒川光博 虎屋社長，2017年1月17日. 「500年続く超長寿企業、伝統とともに今を重視」 https://business.nikkei.com/atcl/report/15/280921/010100051/
107 ｜ 現在はP&Gの傘下

ビジネスモデルの引っ越し

ケイパビリティの充電やモデルチェンジでは間に合わず、ビジネスモデルの引っ越しが必要なケースもあります。

新しいテクノロジーの導入に伴い消費者の消費パターンが変化したケースなど、ビジネスモデルの引っ越しが必要になることは、想像以上にたくさん身近にあります。これらの場合、従来のビジネスを展開していたプレーヤーは、新しいビジネスモデルを構築して、置き換える必要に迫られます。

写真のフィルムからデータへの変換により、フィルムを製造するビジネス自体がなくなったケースでは、フィルムメーカーからの変革を成功させ、ビジネスモデルの引っ越しに成功した企業と、そうでない同業他社とで明暗が大きく分かれました。その他にも固定電話から携帯電話、活版印刷からデジタル印刷への変化など、多くの例があります。ガソリン車から電気自動車などへの変化に伴うビジネスモデルの引っ越しも、近い将来起きるであろうと想定され、各社の取り組みが進んでいます。

ビジネスの一段の成長のために、あえて、ビジネスモデルを変更して、顧客に対する新たな価値を提供する新しい戦い方にアップデートするという、ビジネスモデルの引っ越しの在り方もあります。消費者や市場の変化に対応するのが受動的にビジネスモデルを新たにするものであったのに対し、この場合は、自ら意思を持ってビジネスモデルを刷新し、引っ越しをすることによって、市場に変化を起こします。

たとえば、ジレット[107]という会社が始めた「替刃モデル」というビジネスモデルが有名です。髭剃りを売り切る従来型のビジネスモデルに対して、髭剃りの本体を配った後に、新しい切れ味の良い刃を販売し、替刃で儲けるというビジネスモデルです。替刃モデルは髭剃りの販売時だけではなく、髭剃りを使い続けてもらう限り顧客との関係が続きます。また顧客は従来の商品よりも、替刃のみの買い替えでよくなるために、1回の支払金額が低くなり平準化されます。お財布に優しいと感じるでしょう。顧客の「当たり前」が変わるような替刃モデルを導入することでジレット社は躍進し、替刃モデルからヒントを得たビジネスモデルが広がるまでになりました。

いずれの例でも、引っ越し後、従来のビジネスモデルはだんだんと存在感を失っていきます。愛着のあるビジネスモデルを離れ、慣れない新しいビジネスモデルに移行することには、違和感や怖さがあります。このため、空き家になるはずの古いビジネスモデルに引き続き多くの人や関心がとどまり抵抗勢力となり、維持費や増改築費用が使われ、新しい家である新たなビジネスモデルへの投資が進まないということになりがちです。引っ越しが必要な状況を社内で共有する、トップがあえて責任を負う、厳しい判断も早めに行うなどの打ち手を講じて、前に進めなくてはなりません。

ビジネスモデルをつくってみよう

　新しくビジネスを始めようとするとき、あるいは、ビジネスモデルの充電やモデルチェンジ、引っ越しが必要になったとき、どのようにビジネスモデルを構築するのか。ここからは、いよいよビジネスモデルを構築するための順序と留意点を見ていきます。

　ビジネスモデルは、ひらめきを得る、調べてみる、定性的なビジネスモデルをつくる、定量的なビジネスモデルをつくる、整合性を確認する、の5つのステップで組み立てます。

　5つのステップには、インプットとアウトプット、ひらめきとファクト（調査）、定性と定量という一見対極的なアプローチが入っています。意識的に多面的な視点から検討を行うことで、考えを深めて新しい発見にたどり着き、立体的で奥行きのあるビジネスモデルを目指します。

ビジネスモデル構築の5つのステップ

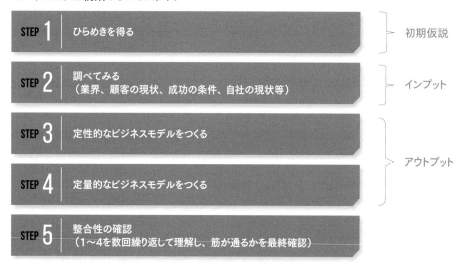

STEP 1　ひらめきを得る ——— 初期仮説

STEP 2　調べてみる
（業界、顧客の現状、成功の条件、自社の現状等） ——— インプット

STEP 3　定性的なビジネスモデルをつくる

STEP 4　定量的なビジネスモデルをつくる ——— アウトプット

STEP 5　整合性の確認
（1〜4を数回繰り返して理解し、筋が通るかを最終確認）

ひらめきとファクト

　新しいビジネスの探索は、理想的には、現状にとらわれない全く新しい発想から始まります。現状の延長にはない非連続的な発想は、「ひらめき」から得られることが多くあります。論理的に導いたアイデアでもビジネスはできますが、多くの人が同じことを思いつくので激戦になりやすくもあります。ひらめきから出たアイデアは、一見思いつかないだけに独自性を持ちやすくなります。

　ひらめきから得ると言うと、ビジネスも偶然や時を待たなければ発想できないのかと思われるかもしれません。しかし、ひらめき力、直観力は鍛えることができます。ここで、ひらめき力というのは、現状の延長の積み上げでは出てこない考えを出すことを指します。つながりがない事象が、あるとき、ふとしたきっかけでつながったり、一定の論理構造で見られるようになったりしたとき、ひらめきます。つまり、ひらめきのタネとしてつながりのない事象をたくさん蓄積してあること、そして、「きっかけ」を意識的につくれればひらめく可能性が高くなるということです。

　たとえば、久々に海外から帰国した人は新しい目で日本を見るので、新鮮な驚きや喜びや失望を感じます。これは、ひらめきのタネです。枠にはまらない子供の発言や行動が大人にとっての新しい発見につながることも多くあります。趣味、旅行、いろいろな背景の多くの人とのネットワークなど、思考の幅を広げてくれるタネはたくさんあります。しかし、タネは一夜にして仕込むことはできません、日頃から好奇心を強く持って、アンテナをたくさん立てておくことが必要です。そうすれば自然に蓄積されていきます。

　その上で、ひらめきが必要なときに、ひらめく環境を意識的につくります。さまざまなアプローチがあると思いますが、私が何かを考えつかなくてはならない場面にあるときは、一日中、可能であれば夢の中でも考えなくては、と自分を追い込みます。関連する資料を読み漁り、多くの人から意見を聞き、とことん考えた後に一息入れます。大きく伸びをしてみる、散歩をする、シャワーをあびる、歯を磨くなど、脳をいつもと違う環境に置きます。そうすると、ふと、ひらめきが降りてくる、新しい視点が見えてくることが多くあるのです。脳がいつもと異なる環境に置かれてリラックスして新しい発想が浮かぶのでしょう。適度に息抜きを！　その息抜きはきっと仕事にも役に立ちます。

　ひらめきと論理を対極のように考える方も多いようですが、ひらめきは経験や直観、記憶などが複雑に絡み合って生まれるものです。そう考えると、ひらめきは、実は、複雑すぎて短時間では説明がし尽くせない論理の帰結だと言えるのではないでしょうか。

ひらめきと論理（ロジック）は対極ではないのですが、ビジネスモデルの構築においては、ビジネスがうまくいく理由を論理的に説明する必要もあります。論理的な説明とは、必ずしも現状の延長にあるものだけではなく、現実との断絶を想定することもロジックであるということにも注意します。たとえば、販売されている飲料がジュースと炭酸しかない時代に戻り、その時代で、今後缶コーヒーが売れることを事実に基づいて論理的に説明するとしましょう。丁寧に事実を調べて、ロジックを構成すればできないことではないのです。消費者が求めているもので見落としているものはないでしょうか？　缶飲料を買うのはのどが渇いているときだけでしょうか？　こうして、日本には世界に先駆けて缶コーヒーの市場が誕生しました。

　ひらめきとロジック・ファクトの関係性を整理すると図のようになります。できれば、説明可能なひらめきを目指したいものです。

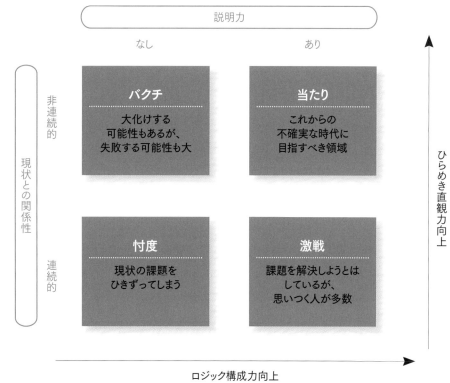

定性と定量

　ビジネスモデルは定性的なモデルと定量的なモデルを両方つくります。自社の取り組む戦い方（価値提供）、ケイパビリティ体系、商品・サービス体系が、一貫性を持って相互に作用し合うストーリーが、定性的なモデルです。何がどの程度販売できるのか、そのための費用はどの程度かかるのか、最終的にどの程度の利益が残るのか、これらを数字で示すのが定量的なモデルです。

　定性的なモデルからは、戦い方（価値提供）や、モデルを支えるために必要な能力が明らかになります。しかし、実際に収益性を確保できるのかわからないことも多々あります。たとえば、最高の品質を最も魅力的な価格で提供するというビジネスを考えている際に、最高の品質を実現するコストを積み上げると、実際には魅力的な価格が提供できそうにないというような場合です。

　定量的なモデルからは、事業の構成要素と定量的なつじつまが確認できます。一方で、定性的なモデルの説明なしには、数字の上ではうまくいくように思えても、どのように売上が構成されているのか、誰が、なぜ、考えている商品・サービスに対価を支払ってくれるのかなど、現実の説明がつかないことも多くあります。定性的なモデルと定量的なモデルの両方が矛盾なく、筋が通らなければ、ビジネスモデルとして成立したとは言えないのです。

　たとえば、レゴは一時期数多くのイノベーションに取り組み、大ヒット商品も生み出しながら、破たんの危機に瀕しました。イノベーションを進めるうちに、極めて多種のブロックピースを多くのサプライヤーと取引をするなどして複雑性が増し、収益性が確保できなくなったからです。定量的に、ビジネスの課題を特定することが、再建の第一歩となったことは既述の通りです。

概要

ビジネスモデルを構築する第一歩は、そのビジネスを通じてどのような課題を、どのように解決するのか、そして、それらに熱意を感じられるかを確認することです。

⊙──積み上げの思考とひらめき

多くのビジネスの出発点はひらめきや直観です。荒唐無稽に思えるアイデアであるほど、全く新しい価値を提供する大きなビジネスに成長する可能性があります。「あんなこといいな、できたらいいな」と思えるようなひらめきを大切にしたいものです。

⊙──課題のひらめきと、解決策のひらめき

ビジネスの基本は顧客に価値を提供することです。課題とは、概ね顧客の困りごとを解決することであり、ビジネスモデルを考える際にいちばん大切なのは、課題のひらめきと言ってもよいでしょう。また、社会的な課題など、大きな課題を解決するほどビジネスは大きくなります。

⊙──熱意

同じビジネスを同じ時期に始めても、明暗が分かれることは珍しくありません。その差は、運もありますが、多くは熱意に起因します。課題の解決やその結果に対する熱意が強ければ強いほど、事業が困難に直面した際に乗り越える力が強く、事業の成功確率も上がるのです。

！POINT

困りごとを真正面から見つめることで、課題のひらめきが得られる

正しい課題に対しては、先入観を持たず、常識にとらわれずにあらゆる可能性を検討することで、解決策のひらめきが得られる

ビジネスに困難はつきもの。熱意を持てないひらめきは実現しきれない

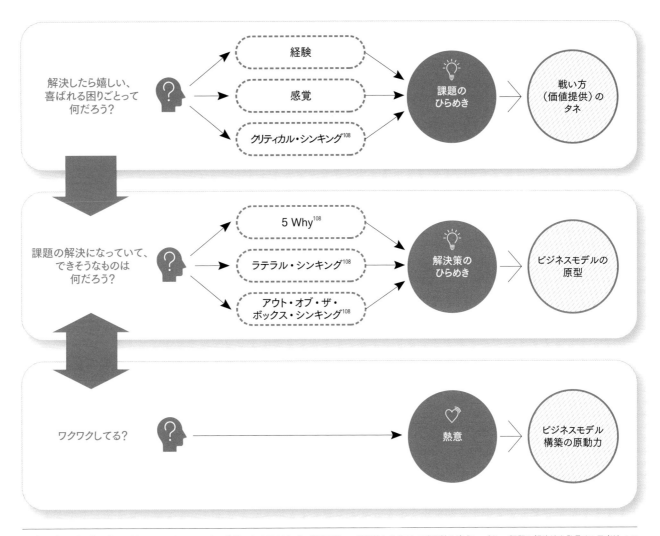

108 | いずれも論理的思考の一種。クリティカル・シンキング（Critical Thinking）：常識を疑い、批判的に見ることで論理性を追求し、新しい課題や解決法を発見する思考法 / 5 Why：ある事象などに対して、5回なぜ?を問いかけることで真の原因を突き止める思考法 / ラテラル・シンキング（Lateral Thinking）：水平方向、他業界や他の事例などから思考を広げる思考法 / アウト・オブ・ザ・ボックス・シンキング（Out of the Box Thinking）：既成概念の箱から飛び出た、常識に囚われない思考

241

このステップの3つのキークエスチョン

1	解決したい社会や顧客の課題（困りごと）は何か？

2	課題はどのようにすれば、解決できるか？

3	大きな困難があっても、解決することにワクワクするか？

視点

今の日本は、欠けているものなどないと思うほど快適です。その中で、新たにビジネスモデルを構築して大成功するためには、以下2つのいずれかの条件を満たす必要があります。

❶ **当たり前のように思っているが、よく考えてみると、大きな問題**：皆が当たり前だと思ってしまっていて、手つかずの課題（例：働くママを支援する仕組み）

❷ **皆が気づいているが、解決策がないように思えている問題**：「困っているけれど仕方がない」そう思われている課題（例：通勤ラッシュ）

ビジネスは誰も見たことがない新しいものであればあるほど、賛同者が少ないものです。批判には耳を傾けつつ、批判されればされるほど機会が大きいと思うことも大切です。

実現に向けて気をつけたいこと

1 **モチベーション（熱意）の設計**：モチベーションを持ち続けられるように工夫をしないと、アイデア倒れになりかねません。自分でこれだというアイデアに取り組む場合であれば、熱意が続くように関係者との連携や環境を整備しましょう。

2 通常、既存事業と同じ評価基準でビジネスモデル（再）構築の活動を測ることはできません。新たな取り組みを促進するような**KPIを設計**する必要があります。

3 **チームの設計**：熱意を形に変えるためにも、チームの組成は大切です。既存ビジネスを推進するための能力と、新しいものを生み出す能力は異なります。既存組織に「ハマりにくい」、浮いていると思われるような人財が活躍することが多くあります。ビジネスモデルを構築するのは精神的にも時間的にも集中力を必要とします。十分な意識と時間を使うことができる適任者でチームを組むようにしましょう。

CASE STUDY　ZARAの誕生

　　インディテックスの中核ブランドZARAが誕生したのは1975年、そのとき、すでに、創業者のアマンシア・オルテガはアパレルメーカーとして婦人向けのローブとランジェリーを製造していました。

　　当初はメーカーとしての事業でしたが、取引先のために製造した商品の突然の注文全量キャンセルにあい、その在庫処分のために、直接消費者向けに商品を販売することとなりました。また女性たちの声を聞き、自信を持って行った提案が小売に受け入れられず、逆に的外れな要求があったことにも深く失望し、苛立ちが募っていたそうです。

　　これらの経験が、アパレルメーカーを運営していた創業者のオルテガが小売事業を始めるきっかけとなります[109]。オルテガは「顧客が欲しいと自分が考えるものを作る」と言ったそうです[110]。

　　また、デザインも行うメーカーであったことから、流行の見分け方、在庫を持つリスクなどを学び、全く新しいビジネスモデルに辿り着きます。すべての取り組みが、世界中の女性におしゃれになってほしい、という信念、熱意に支えられ、開業から、爆速での世界展開を実現することとなります。

課題のひらめき	解決策のひらめき	熱意
●既存の小売は顧客のニーズをわかっていない ●在庫を持ちたくない	●客を観察すると流行がわかる ●製造も持ち、店頭に並べるだけ作って作り足す	●「世界中のすべての女性におしゃれになってほしい」（アマンシア・オルテガの目指している姿[111]）

109 ｜ ポール・レインワンド著，チェザレ・メイナルディ著，アート・クライナーその他，PwC Strategy&訳，2016.『なぜ良い戦略が利益に結びつかないのか─高収益企業になるための5つの実践法』ダイヤモンド社

110 ｜ 「'I am going to manufacture what I understand the customers are going to demand' he (Ortega) said to himself」（Covadonga O'Shea著，2013.『The Man from ZARA: The Story of the Genius Behind the Inditex Group』Lid Pub Inc）

111 ｜ 「One of Amancio's great objectives was …… (work) so that the whole world could dress well.」（Covadonga O'Shea著，2013.『The Man from ZARA: The Story of the Genius Behind the Inditex Group』Lid Pub Inc）

調べてみる

 ## 概要

顧客ニーズや市場の現状の調査を行い、ひらめきやストーリーを検証します。

◉──ファクトドリブン

熱意とロジックを持っていても、世の中の実態と乖離していては、実際に事業を始めてもうまくいきません。ビジネスの成功確率を高めるためには、実態、ファクト（事実）を調べ、想定と異なるファクトが出てきた場合には、潔く想定を変えることが重要です。「彼を知りて己を知れば、百戦して危うからず」は有名な孫子の言葉です。「彼を知らずして己を知れば、一勝一負す。彼を知らず己を知らざれば、戦う毎に必ず危うし」と続きます[112]。つまり「相手の実力を知らなくとも自分の実力がわかっていれば勝ち負けいずれの可能性もあるが、自分の実力すら知らなければ負ける可能性がかなり高い」ということです。

◉──イシュードリブン

精緻さや網羅性を徹底する必要はありません。同業他社に勝てるのか、調査疲れに陥らないためにも、まずは価値が成立するか、その後に収益性が成立するかなどの順序を立てて検討します。

◉──20-80

ビジネスモデルを考える際には、ロジックの破たんがあってはなりませんが、100％の完全なものを求めると、いつまでも計画段階から抜けることができません。8割方の確認と確証が得られたら、一度小さく試してみてから、修正して先に進めるというアプローチを取ることで前に進みましょう。

! POINT

何を確認すればビジネスモデルが成立するかを調べて意味のあることに集中する

初期の仮説に固執しすぎずに事実を受け入れる

想定と異なる事実を確認したら素早く仮説を再構築する

調べる作業は、何段階かに分けて進める

一般的な調査項目（一度にすべて集めるのではなく、売上▶経費▶資産など順に進める）

売上に関わる調査事項

既存市場の概要
- 既存市場の有無、規模、成長性
- 既存市場のプレーヤーと各社の取り組みの現状
- 既存商品・サービスの概要、価格帯、販売チャネル
- 既存市場で成功するための条件　など

顧客の現状
- どのような消費者、事業が主な顧客層か
- 顧客層の大きさ
- 顧客はどのように購買の意思決定をしているのか
- 顧客のニーズ、不満等は何か　など

費用に関わる調査事項

事業に必要な経費
- 調達コスト
- 流通経費
- 人件費
- 賃料　など

事業に必要な資産
- 生産設備、倉庫その他の物流
- 店舗
- 事務所
- システム　など

自社の現状
- 検討事業に活用し得る自社の資産、カルチャー等の現状の棚卸　など

112｜金谷治著，2000.『新訂孫子』岩波文庫

このステップの3つのキークエスチョン

1 何をどの順番で
調べるべきか?

2 どのような手法で
調べるのがよいか?

3 調査結果により仮説を
修正すべきか、
どのように修正するべきか?

視点

調査での大切なポイントは、熱意とファクトを、緻密かつ大ぐくりにバランスをとることです。よく鳥の目、虫の目とも言われます。

❶ 多様な視点の、関連するニュースなどをできる限りたくさん読み、その分野に詳しい友人、知人や、インタビュー記事などから、識者などの「頭を借り」て情報を収集し、仮説を検証する

❷ 大掛かりな調査ができなくとも、簡単な、手触り感のある調査で、実感と直観を養う。たとえば、対象とする顧客がいるところや、同じような商品・サービスがある場所に行ってみる

❸ 全く新しい価値提供を検討している場合には、顧客のニーズはない可能性が高いことを十分に意識して、今目の前にある事実(ファクト)を踏まえ、その先の仮説(熱意を持てる妄想)を膨らませる

実現に向けて気をつけたいこと

1 すべての知りたいことが調査でわかるわけではなく、特に、新しい価値を提供する商品・サービスはやってみないとわからないことが多いものです。必要なポイントを確認できる範囲で確認した上で、実際にパイロットなどの活動で検証するようにします。

2 商品・サービスの設計だけではなく、どのようにオペレーションを回すのか、ケイパビリティを充足させるのかについても確認することを忘れないようにしましょう。特に、誰が、どのような理由で資金や支援をしてくれそうなのか、把握しておきましょう。

3 調査は、潜在的なパートナーや顧客との関係をつくるチャンスでもあります。「調査だから」と手や気を抜かずに、ビジネスを始めている気になってやりましょう。特に、小さなことに思えますが、協力してくれた人たちへのお礼などのコミュニケーションはしっかりと。

CASE STUDY　レゴの調査

　レゴは、破たんの危機から復活までの過程の2005年、レゴファンの特徴を見つけ、レゴの遊びの本質を再発見するために、大規模なファンとの交流や顧客調査を行いました。

　その過程でレゴはいくつかの大きな発見をしました。まず、レゴはビデオゲームに追いやられた時代遅れの玩具だと思われていましたが、レゴが好きな子供達はごく普通の子供達だということがわかったのです。これはレゴの多くの社員が持っていた、レゴで遊ぶ子供たちは社交性が低く友達が少ないという不安を吹き飛ばしました。

　その上で、レゴのいちばんの差別化が「組み立てる」ということにあり、それによりレゴが遊び手の創造性や想像力を向上させるということがわかりました。レゴを使えば何でもつくることができるのです。

　さらに、価格を引き下げるために品質を犠牲にするべきかという対話をファンとの間で行い、品質が下がったら、レゴの創造性自体が失われ、魅力がなくなるという結果も得ました[113]。

　この調査により、レゴを、クリエイティブな組み立ての遊びを求める子供向けの、高品質の組み立て玩具にするという明確な焦点が定まったのです。

調査の順番	調査の手法	結果に基づく仮説の検証
あるものを確認するだけではなく、ないもの、欠けているものを見つけるために調査する	アンケート調査だけではなく、実地調査、経験なども重要な情報源	仮説を持ちつつも、想定外のファクトは正面から受け止める

---

113 | 「価格を引き下げるため、品質を犠牲にすべきかどうかも論じました」「ファンの意見は明快そのものでした。『レゴをレゴたらしめているのは創造性だ。品質が下がったら、レゴ製品は買わない』と言われました」（デビッド・ロバートソン著，ビル・ブリーン著，黒輪篤嗣訳，2014.『レゴはなぜ世界で愛され続けているのか―最高のブランドを支えるイノベーション7つの真理』日本経済新聞出版社）

定性的な
ビジネスモデルをつくる

 概要

ひらめいた課題と解決策から、戦い方（価値提供）、ケイパビリティ、商品・サービスの一貫性のある
定性的なビジネスモデルを構築し、ストーリーとしても魅力的なものかを確認します。

⊙―――戦い方（価値提供）、ケイパビリティ、商品・サービスの一貫性

　定性的なビジネスモデルを構築するにあたって、戦い方（価値提供）、ケイパビリティ、商品・サービ
スが一貫性を持ってかみ合っている必要があります。商品・サービス起点ではなく、戦い方（価値提供）
とそのためのケイパビリティから考えます。

⊙―――情熱と冷静さの両立

　いくら情熱があっても冷静さを失ってはいけません。アイデアがうまくいかない可能性、どのようなリ
スクがあり得るかも論理的に考えます。難しい局面を想定して、その回避策、打開策を考えることでビジ
ネスアイデアはさらに強くなります。

⊙―――新鮮な驚き

　成功するビジネスモデルは、多くの場合、聞く人に新鮮な驚きがある面白いストーリーでもあります。
何度も聞いたことがあるようなストーリーしか語ることができないようなビジネスモデルでは、似たよう
なものがたくさんあると思ったほうがよいでしょう。

!POINT

価値を提供するために必要
なケイパビリティ体系が考え
られていると、贔屓なしに言
えるか

商品・サービスと、戦い方（価
値提供）、ケイパビリティ体系
の矛盾はないか、お手盛りに
ならないように冷静に検証す
る

聞く人に、新鮮な驚きがある
ストーリーにする

定性的なビジネスモデルの構築

- 戦い方（価値提供）、価値を提供するためのケイパビリティ体系、商品・サービス体系をそれぞれ設計

- それぞれを設計する過程で、生じた必要性に応じて他の要素を調整

- 3つの要素がそれぞれ意味を持ちつつ、整合するまで設計と調整を続ける

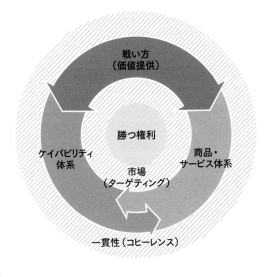

ストーリーになっているかの確認

- つじつまがあっている：戦い方（価値提供）、ケイパビリティ、商品・サービス体系が相互に一貫性がある

- 聞き飽きた話ではない：想定されている戦い方（価値提供）や、ケイパビリティ体系が独自のものである

- ハッピーエンドとなりそうである：自社が同様の事業に取り組む他社との競争に勝ち、顧客を得られそうである

このステップの3つのキークエスチョン

| 1 提供しようとする価値ははっきりとしているか？ | 2 価値提供を支える、独自のケイパビリティ体系は何か？ | 3 商品・サービスは、戦い方（価値提供）、ケイパビリティ体系と矛盾しないか？ |

視点

ビジネスモデルをストーリーとして語ろうとする際に背骨ともなるような、以下のような問いかけに答えられるかを確認してみましょう。

❶あなたの取り組もうとしている事業は、誰のどのような課題を解決しようとしていますか？

❷課題を解決すると、顧客は対価を支払ってくれそうですか？　どれくらいの対価を支払ってくれそうでしょうか？

❸自分がその事業に取り組むのと、他の人がやるのとでは、何が違うのでしょうか？　どうして、他の人よりもうまくできると思えるのでしょうか？

実現に向けて気をつけたいこと

1 ストーリーは相手に伝わってはじめて意味があります。避けたいのは、語ることに満足してしまい、誰にも伝わらないことです。とはいえ、誰も聞いたことがないストーリーにもしたいところ。いちばん狙いたいのは、あまりにうまい話で、聞き手が胡散臭いと思うくらいのところかもしれません。

2 今までにない、面白いストーリーを無理に語ろうとすると、前提や登場人物が多い複雑なものになってしまうことがあります。成功するビジネスモデルはほとんどがたいへんシンプルです。それにより成功確率や継続性が上がります。誰にでもわかる、難しくないストーリーを目指しましょう。

3 定性的なビジネスモデルはストーリーなので、誰かに聞いてもらうのがよいでしょう。繰り返し同じ話をしていると、自分では何度もその話をしているので飽きてしまうかもしれません。それでも辛抱強く繰り返し語りましょう。そうしているうちに、ビジネスのシンプルな本質も見えてきます。

CASE STUDY アマゾン

　1994年、インターネットが急速に成長する様子に驚愕したジェフ・ベゾスに、インターネットで何でも売るという「エブリシングストア」というビジネスアイデアがひらめきました。最初に手がける商材として、ソフトウェア、事務用品、アパレル、音楽などの20候補から、書籍を選びました。

　書籍は、新品であれば質を確認する必要がない、郵送・配送しても問題がない、3000万点以上存在してすべてを店舗に並べることができない、出版社も多数存在する上に、集約された書籍取次があり効率的に調達できる、さらに、ISBN番号[114]により書籍のデータベースが作成できる、市場規模も大きい、などの特徴があり、書籍であれば無限の品揃えを、一種類の製品について実現することが可能に思えました。

　「これほど多様な製品があれば、オンラインでしか実現できない店舗を作ることができるわけです。ないものなどないほど豊富な品揃えのスーパーストアが作れますし、顧客は品揃えの豊富さを高く評価してくれるはずです」（アマゾン創業者・元CEOジェフ・ベゾス）[115]

価値提供は？	ケイパビリティ体系は？	3つの要素の一貫性は？
なぜ顧客に喜んでもらえるのか、今までの同業他社と違うのは何かを明確にする	小さくともできることから着実に始める	論理的に一貫性があるか、筋が通るかにこだわる

114｜ISBN番号（国際標準図書番号）とは、出版者や流通関係者が固有の書籍情報を共有するために構築、活用する、書籍に付された13桁からなるコードのことです。世界の出版界が共有する"社会標準"です。同一のISBNコードが異なる書籍に付与されることはなく、同一の書籍に異なる複数のISBNコードを同時に付与されることもないため、書籍出版物の書誌を特定することができます（日本図書コード管理センター、2021年2月13日.「書籍出版流通とISBNの利便性」https://isbn.jpo.or.jp/index.php/fix__about/fix__about_2/）

115｜ブラッド・ストーン著，井口耕二訳，滑川海彦解説，2014.『ジェフ・ベゾス　果てなき野望—アマゾンを創った無敵の奇才経営者』日経BP社

STEP 4 | 定量的な
ビジネスモデルをつくる

概要

熱意とファクトに基づき、わくわくするようなストーリーを語ることができるビジネスモデルも、数字のつじつまが合わなければ結局、利益にはつながりません。定性的なロジックだけではなく、数字においても筋が通るストーリーを構築します。

⊙──ロジックにはこだわる・ごまかしなし

　売上や利益がどのようにできあがるのかを数字で見てみます。たとえば、売上は何人がいくら対価を支払って商品・サービスを買うと想定できるのか、原価、人件費、賃料その他費用はどのように、どれくらいかかるのかを計算してみます。無理のないロジックで根拠のある数字を使った計算であれば信用できる結果となります。逆に、利益が出るように操作しても意味がありません。

⊙──シミュレーションしてみる

　計算してみて、手元に利益は残りそうでしょうか？ それは想定した金額でしょうか？ そうでない場合には、想定していた数字やロジックをどのように変えられるか、変える必要があるかをさらに考えてみます。そして、どの項目がビジネスに大きな影響を与えるのかを確認し、収益化のポイントを明確にします。

⊙──簡単なものからつくってみる

　定量的なビジネスモデルはいくらでも詳細につくれますが、検証の目的を超えて詳細化する必要はありません。簡単に計算しただけでもわかることもありますし、複雑に構成することで、かえってブレが大きくなってしまうこともあるからです。

! POINT

可能な限り現実的な数字を使い、ロジックにこだわる

まずはざっくりと簡単に、モデルを定量的に確認する

モデルを使って収益性のポイントを明確にし、ビジネスモデルをよりよいものにする

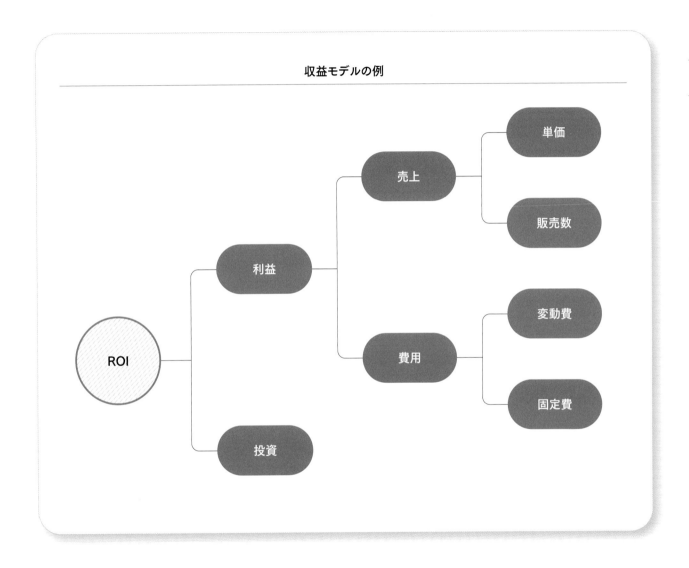

収益モデルの例

このステップの3つのキークエスチョン

1 想定するビジネスはどのようなロジックで収益性を語るのが適切なのか？

2 インプットとするべき数字は何を使うのか（どの数字がファクトで、どの数字が仮説か）？

3 計算結果により想定を修正するべきか？　どのように修正するべきか？

視点

定量的なビジネスモデルをつくる際には、ビジネスの仕組みをある程度具体的に想像できなくてはなりません。たとえば、商品を製造して販売するビジネスを考えると、以下のような例があります。

❶ 新規顧客を獲得し続けるビジネスなのか、顧客を維持し蓄積していくビジネスなのか

❷ 利は薄いながら大量に販売するビジネスなのか、少量ながら利が厚いビジネスなのか

❸ 売上がある程度ないと成立しない固定費が大きいビジネスなのか、事業規模によって効率はさほど変わらない変動費が大きいビジネスなのか

実現に向けて気をつけたいこと

1 定量的なビジネスモデルは数字があまり得意でない人ほどつくる意味があります。感覚的にストーリーを数字に置き換えることができないので、あえて1つひとつの要素に分けて、可視化、定量化して確認するというわけです。順番に考えれば算数の世界ですし、通常必要なモデルは難しいものではありません。まずはやってみましょう。

2 定量的なモデルは、ビジネスの構造や要素の在り方を考えるために使います。前提を変えてシミュレーションをするために、できれば電卓で計算するよりも計算ソフトなどを活用するのがよいでしょう。インプットとロジックがわかり、間違いも見つけやすくもなります。

3 あえて費用の一定の項目を無視したり、売上と費用の前提をずらしたりすることで、一見ビジネスが大成功するように見えるモデルを見かけることが多くあります。特に「肝いりプロジェクト」などの大切なプロジェクトであるほど、多いように感じます。前に進めなくてはならないというプレッシャーがあってのことかと思いますが、このようなモデルで先に進んでも、ほとんどの場合、結果はついてきません。課題は早いうちに把握して対応するほうがよいと心するべきです。

CASE STUDY アップル

　設立直後のアップル社では、キーボード、ソフトウェアからモニターまで、すべてをひとつのパッケージとしてまとめたアップルIIの製品化を計画していました。「製品の製造を始めるだけで20万ドルくらい、すぐにかかる」ために資金集めを行い、その中で、投資家から「投資してほしいなら、まず、マーケティングと物流がわかり、事業計画が策定できる人をパートナーに迎えなさい」と、マイク・マークラという人物を紹介されます。マークラは事業計画ができたら自身も投資することを提案し、ジョブズと2人でいろいろな予測の数字をチェックし、事業計画を策定し始めました。毎晩のように夜を徹して語り合う日々でした。

　「『パーソナルコンピュータを購入する家庭はどのくらいあるかなど、さまざまな仮定を置いて検討』しました。マークラは、マニア以外にまで市場を広げることを大事だと考えていました。『ふつうの家のふつうの人にコンピュータを使ってもらうというんだ。レシピを記録したり、家計簿をつけたり、そういうことに使ってもらうって』」とウォズニアックは語っています[116]。

　アップルはウォズニアックの技術と、ジョブズのひらめきのみで成長したと思われがちですが、数字を詰める日々があり、その過程でチームの目標が明確になったのです。

収益性を裏づけるロジックは？	インプットとすべき数字は？	想定の再検討は？
目指す定性的なビジネスモデルと数字とを紐づける	作り込みにこだわり、時間をかける	さまざまなシミュレーションを試みる

---

116 | アダム・ラシンスキー著，依田卓巳訳，2012.『インサイド・アップル』早川書房

概要

定性と定量のビジネスモデルが両方揃ったら、その2つが相互に矛盾なく、一貫性があるかを確認します。矛盾がある場合には、前提や事実関係の確認をするために追加調査の上、ビジネスモデルを再検討します。

⊙──高速回転プロセス

　戦い方（価値提供）、ケイパビリティ体系、商品・サービス体系を想定するSTEP1〜4には、1つひとつ時間をかけることを想像する方も多いでしょうが、うまくいくのはむしろ逆。ステップをぐるぐると高速で回し続けます。はじめは大量にインプットが必要で、アイデアが二転三転することは当たり前のようにあります。当初の想定から全く変化がない場合には、新たな学びや批判的な目が欠けていないか、確認してみましょう。

⊙──整合性の確認方法

　短期で数回アイデアを回した後は、生煮えでも人と話したり実際に試してみます。一晩寝かせて冷静になることは大切ですが、過度にたたき続ける必要はありません。検討期間が長くなれば、事業環境が変化してまた手直しが必要になります。早めに試してみることで手触り感を得ることができます。

　周囲にビジネスモデルを共有すれば、良いアドバイスを得られたり、仲間や協力者が見つかるかもしれません。否定的な意見は、さらにアイデアを鍛える機会となります。自分でツッコミと反論を繰り返すのでもよいでしょう。このように、ビジネスモデルを鍛えていきます。

！POINT

1〜4のプロセスは一度取り組むと終わりではなく、何度も回すもの

第三者と共有したり、実際に試して、新鮮な目を保つ

ひとりや限られたチームだけで確認するのではなく、第三者と共有したり、実際に試してみる

アイデアが変化するのは普通。むしろそうでない場合には注意が必要

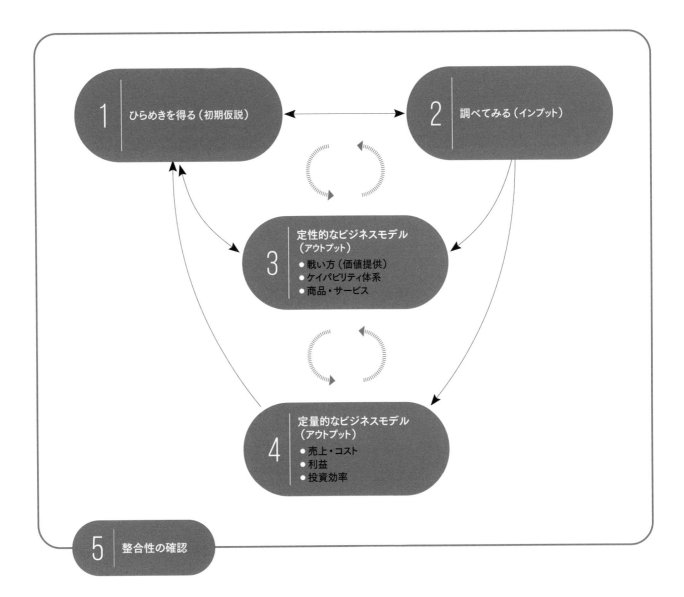

1 | ひらめきを得る（初期仮説）

2 | 調べてみる（インプット）

3 | 定性的なビジネスモデル
（アウトプット）
● 戦い方（価値提供）
● ケイパビリティ体系
● 商品・サービス

4 | 定量的なビジネスモデル
（アウトプット）
● 売上・コスト
● 利益
● 投資効率

5 | 整合性の確認

このステップの3つのキークエスチョン

1 戦い方（価値提供）、ケイパビリティ体系、商品・サービス体系は多面的に一貫性を保っているか？

2 アイデアと、その実現までの道のりは具体的に思い浮かべることができているか？

3 最終的なアイデアは大きな労力を注ぎ込む価値があるものと確信できるか？

視点

ビジネスモデルを創出する際の整合性やその重要性については、何度も記載した通りです。ビジネスモデルについては、構築し、軌道に乗った後にも整合性が問題になる場面が多くあります。自社が変わった、顧客が変わった、競争環境が変わった、などいくつかの場面があります。

❶成長痛：成長期の子供が急速に体が大きくなり、そのときに、体のあちらこちらが痛むことがあります。ビジネスでも同じことが起きることがあります。ビジネスの規模の拡大に伴って求められるケイパビリティの拡大が追い付かず、当初のビジネスモデルを支えていた組織の文化が薄くなり[117]、ビジネス全体が「おかしくなる」のです。この場合は、ビジネスモデルを構築するのと同じように、戦い方（価値提供）、ケイパビリティ体系、商品・サービス体系の整合性を見直し、再徹底し、必要な成長へと導かなくてはなりません。

❷ビジネスモデルの陳腐化：優れたビジネスモデルであればあるほど、真似されます。はじめは独自性があっても皆が同じことをやればビジネスモデルは陳腐化し、生き残ることは難しくなります。アマゾンは、創業後しばらくは成長と市場でのリーダーシップを獲得することに集中し、その後大きくなった事業について効率性を追求しはじめました[118]。ビジネスモデルが陳腐化しているかもしれない、そう思ったら再度ビジネスモデルをアップデートする必要があるかもしれません。

❸市場が変わった：優れたビジネスモデルを常にアップデートし続けていても、何かの理由で顧客のニーズや生活様式が変化してしまっては同じビジネスを続けることはできません。その場合には、顧客のニーズや生活様式の変化に応じてビジネスモデルをつくり直す、同じビジネスモデルが通用する別の市場に引っ越しをする、などの取り組みが必要です。

---

117 | インディテックスの創業者のオルテガは、常に店舗の隅々の詳細にまで気を配り、ブランドの提供する経験の一貫性をアップデートし続けていました。パイロット店舗のコーナーがブランドにそぐわないと感じたオルテガは即座に担当者に指摘をします。「（彼が）私たちの哲学にそぐわない展示をすることは、この店だけではなく、インディテックス全体に対する脅威であることを理解してもらう必要があったのです。」（Covadonga O'Shea著，2013.『The Man from ZARA: The Story of the Genius Behind the Inditex Group』Lid Pub Inc）

CASE STUDY ## スターバックスの再建

　他社の大きな方向性とそのための施策がいずれも正しいもののように思えて、すべてを取り入れても、多くの場合、成功しません。他社の取り組みは、特有の背景や組織能力があってのものだからです。

　先にも触れましたが、スターバックスの場合も、成長や売上の拡大を重視するあまりに、サードプレイスを提供するという価値から離れた商品・サービスを提供し始めたあたりから、店舗あたり売上が落ち始めます。ビジネスモデルの整合性が保てなくなったからです。再建は、コーヒーの淹れ方と手順の徹底、食事のメニューの見直しなど、基本的なオペレーションの再検証から始まりました。

　スターバックスのサードプレイスは、質の良いコーヒーを軸にしながら居心地の良い場所を提供するというものです。おいしくないコーヒーが出たり、コーヒーの香りを邪魔するようなチーズの焼けるにおいが店に充満するという、それぞれささやかながら想定する経験になじまないものが積み上がると、大きな影響があります。スタッフのこのような地道な取り組みの1つひとつが経験をつくり、場をつくり、ビジネスモデルをつくり上げています。

3つの要素の一貫性は？	**実現までのロードマップは？**	**実現可能性は？**
ビジネスモデルの核となる価値提供・戦い方を常に意識し続ける	ビジネスモデルの整合性において妥協をしない	トレードオフの関係を明確にする

118 | 「株主価値を高めるためには、会社を拡大し、市場リーダーとしての立場を強化することが必要です。市場リーダーとしての立場が強ければ強いほど当社の経済モデルにとって有利だからです。市場をリードすれば、売上も増えるし利益率も高くなります。資本の循環速度もあがります。それに伴い、投資に対するリターンも大きくなるのです」（1998年一般株主向けに配布したレター）、「（ドットコムバブルの崩壊まで）ジェフは1つのパターンで進んでいました。どれほどの犠牲を払ってでも全速力で成長するというパターンです。利益や効率を求める姿は見たことがなかったのです。」（アマゾン取締役（当時）スコット・クック）いずれも、（ブラッド・ストーン著，井口耕二訳，滑川海彦解説，2014.『ジェフ・ベゾス　果てなき野望—アマゾンを創った無敵の奇才経営者』日経BP社）より

ビジネスモデルを実現させる

　いくら時間と労力を割いて考えたビジネスモデルだとしても、利益を生むのは、実際に実現されたときです。何をするかを決めるのはとても大切ですが、それを実際にやり遂げることはさらに大切です。やり遂げるために考えておきたいこととして、最後に、ビジネスモデルを実現し、ビジネス自体を軌道に乗せていくために大切なプロセス管理、特にケイパビリティ獲得について、そして、ビジネスプランの実現に大きな影響を及ぼすカルチャーとの関係について見てみましょう。

ロードマップとアクションプラン

　ビジネスモデル実現の成功確率を高めるためには、実行計画、通常はロードマップとアクションプランを立てます。ロードマップは、ビジネスをどのように拡大していくのかの道筋を示すもの、アクションプランは、最終的につくり上げたいビジネスモデルのためにどのような要素が必要になるかを明らかにして、その要素を満たすための計画です。旅行に行く計画を立てる感覚で、シンプルなビジネスでも取り組み内容を明確にしておけば、焦らずに1つずつ取り組みを進めることができます。急がば回れで考えてみてください。

ロードマップでビジネスモデルを進化させる

　ロードマップは、ビジネスモデルをどのように構築し拡大させていくかの道筋を示すものです。大きなビジネスになればなるほど、一度にビジネスモデル全体を構築するのではなく、パーツごとに完成させて、段階的にビジネスをつくり上げていきます。その際に、可能な限り、ビジネスモデルの重要なケイパビリティの構築につながるような取り組みをまず行うこととしましょう。小さく始めて大きく育てるとも言いますが、小さく始めてもそれが何につながるのかがわかりにくいようでは、最終的なビジネスモデルに到達するまでに、当初のアイデアが失われてしまう恐れがあります。できれば、小さなパイロットのように小ぶりなビジネスでモデルを回し、そこからより大きく、より複雑にしていくのが理想です。

　たとえば、アマゾンはおおむね1995年から1998年ごろまでに、ビジネスモデルの核心の構築がされたというロードマップが想像できます。創業直後は顧客のオンラインでのショッピング体験、という価値提供を核に取り組み、その後ケイパビリティと商品・サービス、地域を少しずつ拡大させています。特に、書籍からの拡大については、より扱いが難しい商品、ひいてはサービスへの拡大が当初より予定されていました。

　ロードマップの作成は、ビジネスモデルの核心であり、しかも、可能な限り取り組みやすく結果が出しやすいものから進めるという、取り組みの順番を考えるきっかけにもなります。一方で、ロードマップは、固執しすぎてもいけません。取り組んではじめてわかる、地図上にない想定外の学びや大切な変曲点もあり得ます。

　アマゾンの例で言うと、大幅な物流機能への投資がこれにあたるでしょう。物流機能への大幅投資は、事業開始当初は想定していなかったようですが、オンラインの買い物の経験を考えると、買う段階での経験だけではなく、受け取る際の経験、つまり、買ったものをできるだけ早く確実に受け取ることも大切、という気づきがあり、しかも、そのようなサービスを購入することができず、自社で独自に構築するほかないということもわかりました。そこで断念せずに、自らコツコツと倉庫管理システムを含め考案構築することで、ロードマップになかった、さらに先に到達することができたのです。

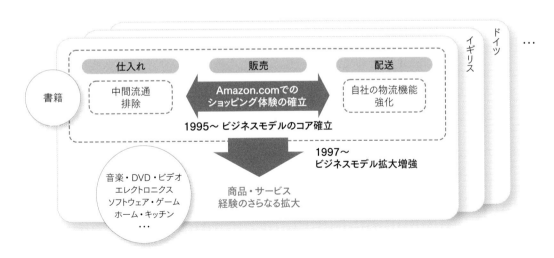

ケイパビリティの獲得プラン

　アクションプランは、ビジネスモデルの構築において具体的な取り組み内容に、誰が、いつまでに、（場合によってはどのように）取り組むかを明確にしておく計画です。シンプルなものであれば、いわゆるTo Doリストを準備してチェックしていくこともできますし、より複雑に多くの取り組みを前後関係や依存関係に留意しつつ進めなくてはならない場合には、ガントチャート（Gantt chart）や専用のツールを使って管理することもあります。

　ガントチャートは、横軸に時間、縦軸に取り組み事項をグループ分けして記載します。これにより、取り組みの計画や進捗状況が可視化されます。複数の取り組み事項が、同時に、ときには依存関係を持ちながら進むプロジェクトなどの管理に活用されます。

　アクションプランでいちばん大切なのは、重要なケイパビリティ体系をどのように整備するのかを明確にしておくことです。そのため、アクションプランを立てる第一歩は、ビジネスモデルを支える複数の大事なケイパビリティそれぞれにつき、獲得する必要の有無を確認することです。

　ビジネスモデルの成立に重要なケイパビリティを備えていない場合には、その獲得がアクションプランの最重要活動となります。そのケイパビリティをどのように獲得するのか、つくるのか買うのか、どのようにつくるのかをそれぞれ計画します。

　多くの場合、自力でケイパビリティを構築するためにメンバーが新しいケイパビリティを学んで獲得したり、必要な能力を持った人財を外部から迎えることに取り組んだりします。既存のメンバーがそもそものビジネスモデルやその組織内での動き方をわかっている場合、即戦力になり得る外部の人材と連携して、ケイパビリティ構築に取り組むことで、より成功の確度を上げていくことができるでしょう。

オープンイノベーションなどにより外部の関連するプレーヤーとケイパビリティを構築することも考えられます。

アップルなどは技術を持っている外部の相手との統合により、新たな領域を開拓しますが、組み方と抜け方を巧みに設計することが成功の条件ですから、それ自体が1つの特徴あるケイパビリティとなります。

また、ケイパビリティを買収するというアプローチもあります。アマゾンはケイパビリティ補完型の買収により、オペレーションを高度化させました。これもタイミングと、買収先の統合のための技術（ケイパビリティ）が必要なアプローチです。

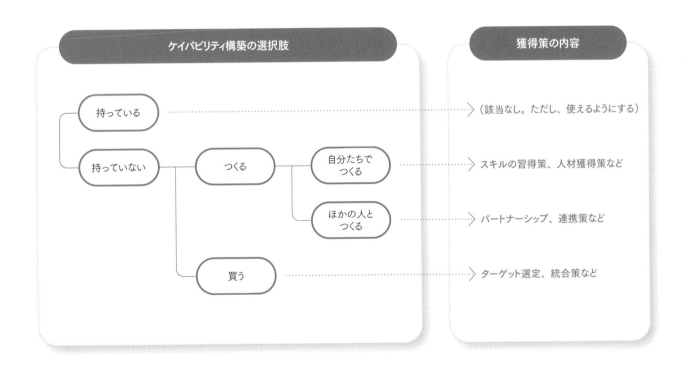

ビジネスモデルとカルチャーの深い関係

　ビジネスモデルは、戦い方（価値提供）、ケイパビリティ、商品・サービスの3つの要素が組み合わさってできますが、もう1つ、重要な要素として、カルチャー（企業文化）があります。カルチャーは、すべてのビジネスの前提です。カルチャーやビジネスの担い手の性質に合わないビジネスモデルは結局機能しません。ビジネスモデルを構築する際には、あわせてカルチャーを設計し、また、ビジネスモデルのモデルチェンジや引っ越しをする場合には、カルチャーの調整や変革を行う必要があります。ビジネスモデルの変革が、より頻繁になっている今、微調整によってカルチャーを整えるという活動は日常的に行う必要があると言っても過言ではないでしょう。

　ここではビジネスモデルの観点から、カルチャーとどのように向き合うのかを考えてみます。

カルチャーを活用しよう

　カルチャー、企業文化というと、感覚的にはわかるものの、表現しようとすると、難しいものです。同じ業種でも、団結力がある、縦組織、横並び、開発精神旺盛、おっとりなどと表現される、全く違うカルチャーを持つビジネスがあることは少なくありません。

　どのようなカルチャーを持つビジネスになるのかは、この本で取り上げたいくつかの企業の事例で見たように、創業者の想い、事業の内容、その後の経緯など、多くの出来事の積み重ねによって決まってきます。さまざまな背景や理由があり、定型的な形にはしにくいものでもあります。集団の構成員がどのような決断を下し、行動をとりがちかというフィルターを通して、具体的に表現することができるのです。

　たとえば、1つの仕事で芽が出ない人をすぐに見切ってしまうことなく、全く違う仕事で機会をつくり、育成に挑戦し続けるビジネスは「温かい」カルチャーだと表現されるでしょう。

　決断と行動の積み重ねであるカルチャーは、結果的にビジネスを回すものとなり、ビジネスモデルを支えます。ビジネスモデルとして戦い方（価値提供）、ケイパビリティを定めても、ビジネスモデルを実際に実行する人の決断や行動が伴っていなければ、実行はされません。

　カルチャーはビジネスモデルを支えますが、制約を課すものではありません。決断と行動の傾向であるカルチャーを上手に活用することで、むしろビジネスモデル実現の味方にすることができます。

　たとえば、スターバックスは、人を大切にすることによって、サードプレイスの経験を実現することを、ビジネスモデルの重要なケイパビリティ体系としてきました。人に優しいカルチャーで、スタッフの育成や待遇改善に意欲的に取り組んでいます。当然、お互いを尊重し団結し、支え合うというカルチャーもあるでしょう。そんなスターバックスも破たんの危機に際しては、破たんを回避するために大量の閉店と解雇を余儀なくされました。

　ただし、その過程で経営陣が直接会社の現状を社内で詳細に共有し、パートナーのストックオプションと健康保険は守り抜くなど[119][120]、従来のカルチャーを再確認し続けました。また、その後のビジネスモデルの再構築においても、バリスタ全員でおいしいコーヒーの淹れ方を再確認するなどの取り組みを通して、さらにビジネスモデルを強化しました。

119｜ハワード・シュルツ著，ジョアンヌ・ゴードン著，月沢李歌子訳，2011.『スターバックス再生物語─つながりを育む経営』徳間書店
120｜ジョゼフ・ミケーリ著，小川敏子訳，2014.『スターバックス─輝きを取り戻すためにこだわり続けた五つの原則』日本経済新聞出版社

カルチャーは変えられる（少しずつ）

新規事業として新しいビジネスモデルを構築したいときなど、今までのカルチャーを変えたい、変えなくてはならないというケースも多くあるでしょう。カルチャーを変えるのは簡単ではありませんが、時間をかけて取り組めば不可能ではありません。

人間でも、いきなり性格を変えることは難しいですが、工夫すればその性格のままでもより仕事や生活をしやすくすることはできます。たとえば内気な人でも立食パーティでのふるまい方を具体的に学び、適切な行動をとってみれば立食パーティを有意義な時間とし、楽しむことすらできるようになります。同じように、臆病な人が大きくかつ大胆な決断をできるようになることも可能です。

企業も同じように、少しずつ、時間をかけてカルチャーの意味合いを変えることはできます。先ほどのスターバックスの例は、成功するカルチャー変革の特徴をすべて満たしています。

カルチャーの変革は、

1　既存のカルチャーを理解し、肯定し、活用すること
2　いくつかのクリティカルフュー（少数の重要な行動）に着目すること
3　トップダウンだけではなく現場の実質的なリーダーによるリーダーシップを活用すること

の3つが揃うと、成功しやすいことがわかっています。

たとえば、スターバックスのように顧客一人ひとりの経験をより大切にするようにしたいというビジネスがあったとしましょう。標語をつくって周知し、コーヒーの品質検査をするなどの監査的なアプローチをし、優良店やスタッフを表彰し、悪い場合には罰則を与えるとするケースもあるでしょう。スターバックスではそのようなアプローチではなく、全店のバリスタを対象にコーヒーの淹れ方について一斉研修を行い、現場を中心として具体的な行動に取り組みました。従業員を大切にするという従来のカルチャーを活用し、コーヒーを淹れる手順という具体的な行動に着目し、さらに現場のリーダーであるバリスタを巻き込むことで品質・経験重視のカルチャーへの変革を誘導したのです。

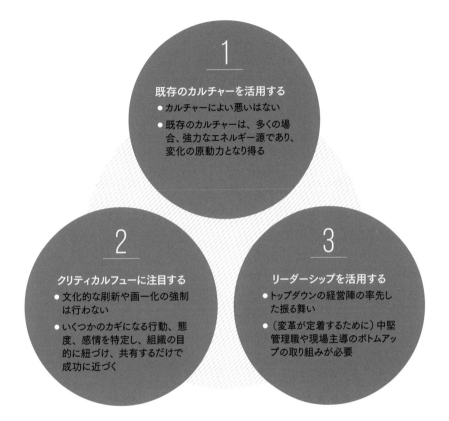

これにより、多くの人が心から、無理なく、在りたいカルチャーを受け入れるようになります。スターバックスでは、効率性と成長を追うあまり、徐々に失われていた1杯のコーヒーの品質、1人の顧客の1回の経験を大切にするという行動を再び最優先にすることを通じて、成長最優先のカルチャーを経験最優先のカルチャーに変革し、破たんの危機から脱するだけではなく、再び多くの人に愛される存在になりました。

過去に比較的少数の企業しか
たどってこなかった価値創造の道がある。
しかし、この道をたどれば
多くの企業が成功できる可能性がある

There is a path to value creation
that comparatively few companies have followed in the past,
but that would lead many companies to success
if they followed it.

Strategy&　ポール・レインワンド、チェザレ・メイナルディ

2016.『なぜ良い戦略が利益に結びつかないのか─高収益企業になるための5つの実践法』ダイヤモンド社

ビジネスモデルとその実行のほかには、

秘策はないのです

There is no additional secret

apart from the business model and the execution

インディテックス　会長及びCEO　パブロ・イスラ

RetailWeek："Inside Inditex: How Zara became a global fashion phenomenon"

https://www.retail-week.com/fashion/inside-inditex-how-zara-became-a-global-fashion-phenomenon/5065325.article?authent=1

conclusion | おわりに

　ここまで実例、構成要素、組み立て方と、ビジネスモデルを可能な限り多面的に説明してきました。ビジネスモデルを考えてつくっていくことは、そう簡単ではない、しかし、愚直に考え、行動すれば、できないものでもない、ということがこの本を通じてお伝えできたでしょうか。

　最後に強くお伝えしたいのは、誰がどうやっても必ず成功するビジネスモデルというものは存在しない、ということです。ビジネスモデルは、そのビジネスを担う人たち、組織のケイパビリティ、特殊性に大きく依存します。優れたビジネスモデルは、そもそも差別化されていて真似をするのが難しいものなので、参考にはしても、真似をしようとしてはいけません。

　また、だからこそ、自分たちは何がしたいのかを問うことがとても大切です。人として、グループとして、好むこと、大切にしていること、それが原点です。その原点を考え抜いて、工夫を尽くして、ビジネスモデルにしていくことで、自然に回り続け、前に進むビジネスに近づいていきます。

　受け身では、よいビジネスモデルを生み出すことはできません。危機が起きてから、強烈な市場環境の変化があってから、慌ててビジネスモデルを修正しようとしたのでは遅すぎます。たいていの変化は予想できます。少なくとも、多くの人が感じることができています。その変化に抵抗したくなる気持ちを、あえて奮い立たせて、変化に立ち向かってみてください。

　先が見えない世界で不安や焦りも大きいと思います。ただ、先が見えないということは、私たち一人ひとりの小さくも思える決断や行動が未来を創るということでもあります。そんな特別な時代に生きることができていることも、忘れないようにしたいものです。この本が、ひとりでも多くの方の、ひとつでも多くの素敵な未来をつくるビジネスが生まれるきっかけ、助けになることを願っています。

　本書執筆にあたっては、"Strategy that Works"（『なぜ良い戦略が利益に結びつかないのか』）著者のポール・レインワンドをはじめ、Strategy&の岸本義之さん、矢吹大介さん、元Strategy&リーダーの今井俊哉さん、マーケティングマネージャーの須田あゆみさん、Strategy&・PwCの皆さん、たくさんのインスピレーションをいただいた東京大学の松尾豊先生、その他多くの方のご協力とご支援をいただきました。この場を借りて、御礼申し上げます。本書の編集並びに出版をしてくださった干場弓子さん、干場さんとのご縁をつくってくださったコンサートピアニスト・作曲家の平井元喜さんと、アルバ・エデュの竹内明日香さんにも心から御礼申し上げます。

●著者

唐木明子（からき あきこ）

東京大学法学部卒。コロンビア大学ロースクール修了（LLM）。
PwCコンサルティング合同会社 ストラテジーコンサルティング（Strategy&）パートナー。
消費財、小売を中心に、金融、製造業その他幅広い業種のクライアント企業に対して、事業戦略、新規事業創出戦略、グローバル化などのテーマを中心に支援する。JPモルガンで社内弁護士として金融自由化対応を担当した後に戦略コンサルタントに転身、マッキンゼー・アンド・カンパニーから郵政民営化準備企画及び日本郵政株式会社を経て、ブーズ・アンド・カンパニー（2014年にPwCに統合）に参画。JPモルガンではNY本店勤務（2000-2003）、PwCコンサルティングではイギリス法人への出向（2017-2021）を経験する。 利益を生む戦略の必須の前提として、ダイバーシティ・アンド・インクルージョン、サステナビリティ推進のための活動にも積極的に取り組む。

PwC Japanグループ

PwC Japanグループは、日本におけるPwCグローバルネットワークのメンバーファームおよびそれらの関連会社の総称です。各法人は独立した別法人として事業を行っています。
複雑化・多様化する企業の経営課題に対し、PwC Japanグループでは、監査およびアシュアランス、コンサルティング、ディールアドバイザリー、税務、そして法務における卓越した専門性を結集し、それらを有機的に協働させる体制を整えています。また、公認会計士、税理士、弁護士、その他専門スタッフ約9,400人を擁するプロフェッショナル・サービス・ネットワークとして、クライアントニーズにより的確に対応したサービスの提供に努めています。

PwCコンサルティング合同会社

PwCコンサルティング合同会社は、経営戦略の策定から実行まで総合的なコンサルティングサービスを提供しています。PwCグローバルネットワークと連携しながら、クライアントが直面する複雑で困難な経営課題の解決に取り組み、グローバル市場で競争力を高めることを支援します。

Strategy&

Strategy&は、他にはないポジションから、クライアントにとって最適な将来を実現するための支援を行う、グローバルな戦略コンサルティングチームです。そのポジションは他社にはない差別化の上に成り立っており、支援内容はクライアントのニーズに応じたテイラーメイドなものです。PwCの一員として、日々、成長の中核である、勝つための仕組みを提供しています。圧倒的な先見力と、具体性の高いノウハウ、テクノロジー、そしてグローバルな規模を融合させ、クライアントが、これまで以上に変革力に富み、即座に実行に移せる戦略を策定できるよう支援しています。

BOW BOOKS 003

PwC Strategy&の
ビジネスモデル・クリエイション
利益を生み出す戦略づくりの教科書

発行日	2021年11月30日　第1刷
著者	唐木明子
発行者	干場弓子
発行所	株式会社BOW&PARTNERS
	https://www.bow.jp　info@bow.jp
発売所	株式会社中央経済グループパブリッシング
	〒101-0051　東京都千代田区神田神保町1-31-2
	電話 03-3293-3381　FAX 03-3291-4437
ブックデザイン	遠藤陽一／高岩美智（DESIGN WORKSHOP JIN）
校正	株式会社鷗来堂
印刷所	中央精版印刷株式会社